ナンバー2の日本史
近現代篇

榎本　秋

MdN新書
050

はじめに

本書は拙著『ナンバー2の日本史』の続編である。古代から近世にかけての政治的ナンバー2を紹介した前著に対して、近代から現代に至る日本史上の政治的ナンバー2を紹介するのが、本書の目的だ。もちろん、本書単体でも成立するようになっているので、必ずしも前著を読んでおく必要はない。むしろ、本書読了後に改めて前著を読んでもらうと、新たな発見があるかもしれない。

『ナンバー2の日本史』は舞台にした時期が非常に長いし、また文明や社会、政治がまだまだ不安定だった頃なので、政治の形態やナンバーワンのあり方が何度も変わっている。

まずヤマト政権の大王が立ち、これが天皇に変わった。大陸から持ち込まれた律令制度が取り入れられ、変化しながらも天皇を頂点とした政治体制は名目上変わらない。それが元天皇の上皇《じょうこう》・法皇《ほうおう》が「治天《ちてん》の君《きみ》」としてナンバーワンともナンバー2とも言いにくい存在になり、ついには武家政権が立って、天皇そのものが「名目上はナンバーワンだが、実態はほとんどない」

ものになった。

そうすると、今度は事実上のナンバーワン（将軍など）の下に立つナンバー2が実際の政治を行なうようになるが、今度は「ナンバー2を操るナンバー2」が現われたり、「ナンバー2の責任と仕事を複数の役職や家系で分担する」政治体制が誕生したりするわけだ。

このような、ナンバー2をめぐる変遷や、あるいは繰り返しの中で見える形のようなものを面白がってほしい、というのが前著のコンセプトだった。一方、本書は安定した時代を舞台とするだけに、政治体制そのものにさほどの変化はない。しかし、そのぶん政治構造や内部の闘争は複雑である。その複雑さを楽しんでほしいのだが、あまりにも複雑なので、そのまま読み進めてもらってもわかりにくいかもしれない。

そこで、まずは歴史的な流れとその中でのナンバーワン、ナンバー2を擁する政権のあり方の概観《がいかん》を紹介しよう。


江戸幕府が打ち倒されて明治新政府が立った後の近代日本において、政治的ナンバーワンは、ただ一人で確定している。すなわち天皇である。大日本帝国憲法が第一条で「大日本帝国ハ万世一系《ばんせいいっけい》ノ天皇之《これ》ヲ統治ス」としている通り、近代日本の元首＝ナンバーワンは天皇だ。では、このナンバーワンの天皇が独裁的に権力を振るって近代日本を動かしていたかというと、まったくそのようなことはない。実際は時代ごとに政治の実務を担当する人がいて、天皇の権力は法律的・実態的・慣習的に制限されていたのである。まして太平洋戦争後、現代日本において天皇は国家の象徴であり、政治権力は基本的に有していない。

そもそも明治初期は明治天皇がまだ年少であり、実際の統治などできるはずがなかった。そのため、幕末の動乱期に活躍した維新の志士および公家《くげ》の中でも特に有力な人物が要職につき、政治を主導した。代表的な人物として、薩摩藩《さつまはん》出身の西郷隆盛《さいごうたかもり》と大久保利通《おおくぼとしみち》、長州《ちょうしゅう》藩（萩《はぎ》藩）出身の木戸孝允《きどたかよし》（桂小五郎《かつらこごろう》）、公家出身の岩倉具視《いわくらともみ》と三条実美《さんじょうさねとみ》の名前をあげることができよう。

この中から誰か一人ナンバー2的存在を特定できれば、話はスマートなのだが、残念ながらそうはいかない。当時の力関係は複雑に入り乱れていたからだ。しかも、五人の中から脱落者が出て、新政府の仕組みができ上がる中、大久保の実力が一段抜けてくる。かと思いきや、その大久保が暗殺されてしまった。ここまでを本文の「第一章　新政府のナンバー2」とする。

「第二章　明治時代のナンバー2」では、まず大久保の死後、台頭してくる長州出身の伊藤博《いとうひろ》文《ぶみ》を中心に描いていく。彼は初代総理大臣として日本史に燦然《さんぜん》と名前を残した人物だ。近代の総理大臣は（時期によってある程度立ち位置が違うものの）天皇に代わって政治を行なった、まさにナンバー2と呼ぶのにふさわしい存在であった。

また、伊藤は憲法や議会といった立憲政治の形をつくるのにも大いに貢献《こうけん》した。それでは彼がナンバー2として明治の政治を強力にリードしたのかと思いきや、実際には出身藩ごとにまとまった力関係「藩閥《はんばつ》」が深くかかわってくる。伊藤と同じく長州出身の山縣有朋《やまがたありとも》との対立があり、二人の次は桂太郎《かつらたろう》・西園寺公望《さいおんじきんもち》が交代で総理大臣を務める桂園《けいえん》時代が到来する。ついには庶民の中で藩閥（および軍部）への反発が高まり、大正政変が起きて、桂園時代が終わる。これに先立つ明治天皇の崩御と合わせて一つの区切りと考え、ここまでを第二章とした。

「第三章　大正・戦前のナンバー2」は、大正デモクラシーと政党政治の時代がやってくるところから始まる。しかし、「平民宰相《さいしょう》」と期待された原敬《はらたかし》が実際の政権運営で少なからず庶民の幻滅を招くなど、難しいところも多かった。やがて、第一次世界大戦を経《へ》て、内部・外部に問題が湧《わ》き上がって革新の機運が高まると、軍部の影響力が強まって政党内閣が成立しなくなる。ここまでが第三章である。

「第四章　挙国一致時代のナンバー2」は、その政党内閣時代が終わった後のことだ。危機の時代を前にして挙国一致内閣が標榜《ひょうぼう》されたものの、軍部の暴走は抑えられず、日本は戦争へ向けて突き進むことになる。この時期の総理大臣は軍人が目立つ。その中で高貴な生まれの近衛《このえ》文麿《ふみまろ》は大いに期待されたが、暴走する日本の手綱《たづな》を締《し》めることはかなわず、日中戦争、太平洋戦争を経て、日本は連合国に降伏し、戦争が終わる。ここまでが第四章である。

「第五章　戦後日本のナンバー2」では、戦後日本が連合国による占領、ＧＨＱの統治を経て、日本国憲法に基づく現代日本の統治体制をつくり、これが変遷する様《さま》を紹介する。この章はナンバー2的存在（多くは総理大臣）を紹介しながら歴史を追いかけた他章までとは少し毛色が違う内容になる。まず、戦後の政治混乱から独立、そしていわゆる「五五年体制」の確立までを追う。これは現代日本の政治体制について理解するためには、この時期を追究しなければいけないからだ。

そのうえで、それ以降の歴史について細かくは扱わず、自民党の政治構造と、「キングメーカー」や「闇将軍」と呼ばれたような総理大臣の席には座っていないが、その選別に発言力を持つような、黒幕的ポジションの有名人についても触れていきたい。

細かく扱わない理由として、現代史がまだあまりにも近すぎる時代であり、学問的に確定していないために紹介しにくいことが一つ。もう一つの理由は、近代日本と違ってナンバーワンとしての天皇がいなくなったことにある。総理大臣が実質的にナンバーワンになった（総理大臣が国家元首であるかどうかについては諸説あるようだが）ため、ナンバー2は総理大臣よりも黒幕的な人物の方が本書の目的に合致すると考えたためだ。

以上のような近現代日本史の流れについて、本書ではナンバー2的存在の個人的な経歴や、彼がナンバー2足り得た政治権力のあり方に注目しながら展開していく。

もちろん、ナンバー2を追いかける以上、その上に立つナンバーワン（明治天皇、大正天皇、昭和天皇……）がどのような存在だったのか、ナンバー2にどう影響を与えたのか（ナンバー2はナンバーワンをどう利用したのか）も深くかかわっていくことになるので、適宜《てきぎ》紹介させていただくつもりだ。

ナンバー2の日本史　近現代篇——目次

第二章 明治時代のナンバー2

第三章 大正・戦前のナンバー2

第四章 挙国一致時代のナンバー2

第五章　戦後日本のナンバー2

本文校正：石井三夫
本文図版：アルファヴィル

第一章　新政府のナンバー2

江戸幕府の崩壊から明治新政府へ

慶応《けいおう》三年（一八六七）十月十四日、江戸幕府十五代将軍・徳川慶喜《とくがわよしのぶ》は大政奉還を行なった。幕府が名目上朝廷から預けられていた政治権力を返還したのである。また、慶喜は続く二十四日に将軍職についての辞表も提出している。約二百六十年にわたって続いていた江戸時代が終わったのだ。

背景には、幕末期に幕府が苦しめられていた内憂外患の諸問題があった。十三代将軍・徳川家定《いえさだ》の後継者問題をきっかけとする意見対立。西洋列強諸国の接近を受けて、いわゆる鎖国政策の転換。幕府を支える戦力であるはずの旗本・御家人の弱体化と、外様《とざま》雄藩（外様大名家の中でも、江戸時代後期から幕末にかけて改革を成功させて力をつけていた藩のこと）の勃興《ぼっこう》。これらの問題が原因となって、さまざまな場所や組織で対立・内紛が立て続けに起き、維新志士によるテロリズムも横行して幕府を大いに疲弊《ひへい》・衰退させた。幕府の方針と対立する長州《ちょうしゅう》藩（萩《はぎ》藩）との戦いで敗北（第二次長州征伐）したことも、幕府の権威を大いに傷つけたろう。

一方、この時期には天皇と朝廷の著《いちじる》しい復権が見られていた。幕府が対外問題に関して朝廷の意見を聞き、その権威を活用しようとしたことや、おもに維新志士たちによる尊皇攘夷《そんのうじょうい》思想の盛り上がりのためだ。また、長州藩や薩摩《さつま》藩など討幕を目指す勢力が勢いを増しつつもあった。

以上のような状況を受けて慶喜が打った逆転の一手こそ、大政奉還であった。「政治を朝廷に返す」とはいっても、当時の日本に実際の政治を行なえる組織は幕府・徳川家以外になく、加えて徳川家は巨大な所領を持つ日本最大の雄藩でもある。これを無視して新しい政治など行なえるはずがない。諸藩の合議による新政府をつくり、その中心になるのは自分と徳川家。そのような意図が慶喜にあったものと考えられている。もし、この企《たくら》みが成就《じょうじゅ》していたなら、幕府が消え去った後に現われるのは「江戸幕府2.0」とでも呼ぶべきものであって、その後の歴史も私たちの知るそれとは大きく変わったものになったろう。

しかし、一部公家や討幕派諸藩らはあくまで江戸幕府・徳川家を打ち倒し、まったく新しい政府をつくり上げることを望んでいた。十月十四日には「討幕の密勅《みっちょく》（朝廷からの幕府追討の命令書）」を引き出していたものの、同日に大政奉還が上表されてしまい、せっかくの大義名分が行き場を失ってしまう。そこで武力を背景にクーデターを画策し、十二月九日に決行する。この日、「王政復古の大号令」が発令されて、慶喜と徳川家を排除した新政府が誕生する。

また同日には、新政府の要職が集まった小御所《こごしょ》会議が開かれ、慶喜には辞官納地（内大臣の辞職と徳川家の膨大《ぼうだい》な領地の返上）が求められることになった。これは慶喜にとって受け入れられる要求ではなく、討幕派（新政府）と旧幕府の対立は決定的なものとなったのである。

翌慶応四年、新政府と旧幕府の軍勢が京都の鳥羽《とば》・伏見《ふしみ》で激突する。戊辰《ぼしん》戦争の始まりだ。緒戦で敗れた慶喜は、江戸へ戻って謹慎。迫り来る新政府軍に対して、勝海舟《かつかいしゅう》をはじめとする旧幕臣が交渉にあたった結果、江戸城は無血開城されたものの、一部の旧幕臣および奥羽越《おううえつ》列藩同盟を結んだ東北の諸藩がしぶとく抵抗したため、一連の戦いは明治二年（一八六九）まで続いた。この内紛と並行して始まった新政府の制度整備は、その後も勢いを増して展開していき、幕末から明治初期にかけての各種変革・改革を称して、のちに「明治維新」と呼ぶことになる。

明治新政府のナンバー2

当時、天皇の座についていたのは、慶応三年（一八六七）一月に践祚《せんそ》（即位）したばかりの明治天皇である。嘉永《かえい》五年（一八五二）生まれで、まだ十五歳の若者が天皇にならざるを得なかったのは、慶応二年の十二月二十五日に父の孝明《こうめい》天皇が急に亡くなったためだ。

孝明天皇は海外問題がいよいよ深刻になり始めた時期に天皇となった人であり、揺れ動く対外・国内事情に翻弄《ほんろう》され続けた生涯だった。しかし、その中でもどちらかと言えば、幕府寄りの態度を取っており、孝明天皇が天皇であり続けていたなら、幕府・徳川家を打倒しての新政府樹立は難しかったのではないだろうか。そのため、「実は孝明天皇は討幕派によって密《ひそ》かに殺されたのではないか」「成熟した孝明天皇よりも年若い明治天皇の方が操《あやつ》りやすいと企んだ者がいたのではないか」と陰謀論がまことしやかに囁《ささや》かれたりもするが、あくまで俗説として受け取られている。

陰謀論はともかく、まだ年若い天皇が新しい日本国のナンバーワンとなったのは間違いない。しかし、これは二重の意味でお飾り・神輿《みこし》的な存在だったと考えていいだろう。一つは、天皇がまだ若く、その地位についたばかりで能力も経験も不足していたと考えられること。もう一つは、討幕・新政府樹立は討幕派の公家や雄藩・志士によって主導されており、彼らが主導権を天皇に渡すはずもないこと。明治天皇がお飾りであった二つの理由だ。

とはいえ、このようなトップのあり方は別に特別なものではない。拙著『ナンバー2の日本史』でも繰り返し述べた通り、日本の歴史の多くの期間において、政治の実権はナンバー2、あるいはそれに類する存在の手にあったからだ。平安時代の摂政《せっしょう》・関白《かんぱく》、鎌倉時代の執権《しっけん》、室町《むろまち》時代の管領《かんれい》、そして江戸時代の大老《たいろう》・老中《ろうじゅう》・側用人《そばようにん》らである。

明治以後の日本が天皇を名目上のナンバーワン＝国家元首に置き、実際の政治における実権は維新の英雄や総理大臣、元老《げんろう》（明治後期から昭和前期にかけて天皇を補佐した政治家）といった人々が握り続けたのも、実は古来の形式と同じようなものと見なせる（なお、戦後の民主主義体制において天皇を国家元首と見るかどうかは議論がある）。

では、具体的にどんな人物がこの時期のナンバー2、すなわち新政府の主導者と明確に考えられるのか。一人の名前をあげるのは難しい。新政府の母体になった討幕派も公家・長州・薩摩の寄合所帯《よりあいじょたい》であり、トップに立つ明確なリーダーなど存在しようがなかったからだ。ただし、当時の役職から幾人かの名前をあげることはできる。薩摩藩の西郷隆盛《さいごうたかもり》・大久保利通《おおくぼとしみち》、長州藩の木戸孝允《きどたかよし》（桂小五郎《かつらこごろう》）、そして公家の岩倉具視《いわくらともみ》・三条実美《さんじょうさねとみ》だ。

もちろん、彼らのような英雄視される人々だけが歴史を動かしたわけではない。近年の研究では、幕末の動乱期・明治初期の改革期において数々の英才が現われては思想を説《と》き、決断をして、その後に多大な影響を与えたことに光があてられている。思想面では横井小楠《よこいしょうなん》や橋本《はしもと》左内《さない》がそうであるし、政治面では薩摩藩家老の小松帯刀《こまつたてわき》は幕末の動乱や明治黎明《れいめい》期に大きな活躍をしたことが知られつつある。しかし、そのような英才たちも病や凶刃《きょうじん》に倒れたり、あるいは処刑されたりと夢半ばで散っている。先の五人は幕末維新の動乱を生き残り、明治維新期に要職について新政府をリードした人物として選んだものである。

まずは各人の素性《すじょう》と、幕末動乱期におけるそれぞれの活躍・役割について触れていこう。

西郷隆盛の明治以前

西郷隆盛は薩摩藩の生まれである。父は西郷吉兵衛《きちべえ》隆盛といい、家は城下士《じょうかし》（鹿児島城下に住む武士）の中でも下級の御小姓組《おこしょう》だった。当時の下級武士の多くと同じく、生活は苦しかったようだ。

長じた西郷は年貢《ねんぐ》についての調査・割り当てを担当する役職につく。その中で藩政府に提出した農政改革についてのレポートに目をとめた時の薩摩藩主・島津斉彬《しまづなりあきら》によって中御小姓に抜擢《ばってき》され、側近になる。

斉彬は海外事情にくわしく、技術開発・殖産興業《しょくさん》に熱心な一方、外様《とざま》大名であるにもかかわらず、幕政に口を出そうとする人物だった。当時はすでに触れた通り社会体制の変化と外圧の高まりによって日本国内が混乱しつつあった。特に、十三代将軍・徳川家定の後継者問題については、門閥《もんばつ》譜代の名門大名が血筋の正しさを理由に紀州藩の徳川慶福《よしとみ》（改名後に家茂《いえもち》）を推《お》す一方、幕府の実務官僚クラスや外様雄藩の大名たちが英明さを理由に一橋《ひとつばし》家の慶喜を推し、政治対立が発生していたのである。そして、慶喜を推す一橋派の中心人物の一人こそ、斉彬だった。

その斉彬に手駒《てごま》として見込まれた西郷は、薩摩から江戸へ、そして京都へ送り込まれ、政治工作に従事することになる。残念ながらこれらの活動はうまくいかず、家定死後の十四代将軍は徳川家茂となり、斉彬は急死してしまう。しかし、西郷はこの時期の活動を通して、尊皇攘夷の学者として代表的な人物である藤田東湖《ふじたとうこ》や、越前《えちぜん》藩で活躍していた橋本左内と出会い、大きな影響を受けた。この出会いはのちの活躍につながったことだろう。

一橋派や尊皇攘夷の志士たちに対して、いわゆる安政《あんせい》の大獄《たいごく》（幕府大老の井伊直弼《いいなおすけ》による尊皇攘夷派に対する大弾圧）が進む中、西郷は協力者の僧侶・月照《げっしょう》とともに京都から薩摩へ逃《のが》れようとしたものの、藩が月照を受け入れることはなかった。そのため、西郷は月照と船上から身投げを図《はか》るも、西郷だけが生還。藩の決定により、名を変えて奄美大島《あまみおおしま》に身を潜《ひそ》めることになった。

その後、西郷は呼び戻されたものの、当時の薩摩藩の実権を握《にぎ》っていた島津久光《ひさみつ》（斉彬の異母弟で藩主の父）と対立し、今度はまず徳之島《とくのしま》、次に沖永良部島《おきのえらぶじま》へ島流しの憂《う》き目に遭《あ》う。それでも彼を必要とする藩により再び呼び戻される。以後、西郷は禁門の変（長州藩が京都で起こした兵乱）では薩摩兵を率いて長州兵を鎮圧し、第一次長州征伐（禁門の変を契機に朝敵となった長州藩を幕府が征討した事件）では自ら乗り込んで事態を穏便《おんびん》に収めることに成功した。その後、西郷は武力討幕を目論《もくろ》むようになり、薩摩藩内を第二次長州征伐への反対派でまとめるとともに長州藩との間に軍事同盟である薩長同盟の密約を結ぶ。

幕府による第二次長州征伐失敗後、西郷らは大政奉還を目指す土佐《とさ》藩との間に薩土《さつど》盟約を結ぶ一方で武力討幕路線を継続し、実際に大政奉還が行なわれるとクーデターを計画。王政復古の大号令が出た時には、薩摩・長州らの兵を率いて宮門を守り、実際に幕府との間に戦端を開くことはなかったものの、武力によってクーデターを成功させた。

それでも徳川家と旧幕府の勢力は未だ健在であり、西郷らはなんとしてもこれを武力で打倒しなければならなかった。そのため、江戸市中で放火や略奪を繰り返して旧幕臣らを挑発。畿内の慶喜ら旧幕府軍が激発して攻めてくるように追い込んだ。この策が見事にあたって鳥羽・伏見の戦いが勃発し、新政府軍は旧幕府軍を撃破する。

西郷は東征大総督府下参謀《とうせいだいそうとくふしもさんぼう》として東征軍の実質的な司令官となり、江戸では勝海舟との交渉によって江戸城を無血開城することに成功した。この時に降伏をよしとしなかった彰義隊《しょうぎたい》（旧幕臣たちによる反政府部隊）との上野戦争に参加し、薩摩に戻ったのちは、要請を受けて越後《えちご》（新潟県）へ赴《おもむ》いたりはしたものの、戊辰戦争にはあまり積極的にかかわっていない。それどころか、「王政復古の功臣第一」と呼ばれたにもかかわらず、新政府への参加を当初は拒否して、明治時代に入っていくのである。

大久保利通の明治以前

その西郷と幼少期からの友人であったのが大久保利通だ。父は大久保次右衛門利世《としよ》で、西郷の父と同じく城下士の中でも下級、御小姓組。二人の父もまた友人であり、両者の家は鹿児島城下の同じ町内にあったという。

大久保の幼少期に大きな事件が起きている。藩主（斉彬の父・斉興《なりおき》）の跡取りをめぐって御家騒動（高崎崩《たかさきくず》れ、お由羅《ゆら》騒動）が起きて、島津斉彬擁立《ようりつ》の派閥に参加した父が鬼界島《きかいじま》に流されてしまったのだ。

それでも斉彬が当主になると、やがて大久保は西郷とともに取り立てられる。そのまま藩政で活躍するかと思われたが、斉彬の急死、安政の大獄をきっかけに再び前途に暗雲が立ち込める。盟友・西郷も奄美大島に流される中、大久保は藩内における尊皇攘夷の志士たちを結集して精忠組《せいちゅうぐみ》を結成。彼らの激発を防ぎながら、藩全体を尊皇派へ導くべく奮闘した。

この働きが島津久光に認められ、大久保は小納戸役《こなんどやく》として藩政に参加できるようになり、久光のために奔走《ほんそう》する一方、自分たちの目的のために動き続ける。また、西郷が二度にわたって島流しの処分に遭いながらも再起できたのは、大久保が働きかけ続けたこと。また精忠組の存在が藩内で小さくないものになっていったことが大きいと考えていいだろう。

やがて、大久保は西郷と久光のコントロールから離れ、薩摩藩の力を用いての討幕活動へ突き進んでいく。第二次長州征伐に反対して薩摩藩を参加させなかった一方、京都では後述する岩倉具視とともに朝廷工作へ励《はげ》み、討幕の密勅を出させた。王政復古の大号令にまつわるクーデターの際は宮中にあり、睨《にら》みをきかせて政変を成功させている。

戊辰戦争において軍事を担当して江戸へ東征した西郷に対して、大久保は京都に残って新政府の創設・制度づくりに奮闘した。特にこの時期に大久保が提出した『浪華《なにわ》遷都の建白書』は、「大坂へ遷都しよう」というもので、提案自体は実現しなかったが、内容には見るべきものがある。大久保は建白書の中で「雲上人と呼ばれるような一部の公卿《くぎょう》以外は天皇と接することができない現在の状況はよくない。これからの天皇は西洋の君主のように、国中を見て回り、民を大切に育て、広く民衆に敬愛されなければならない」といった意味のことを述べており、大久保が目指した政治思想を強く感じさせる。

木戸孝允（桂小五郎）の明治以前

薩摩の維新志士を代表する西郷・大久保に対して、長州を代表するのが木戸孝允である。維新志士時代の通称「桂小五郎」なら知っているという人も多いだろう。ここでは幕末期までは桂、それ以降は木戸と呼ぶ。

桂は長州藩藩医の和田昌景《わだまさかげ》の次男として誕生した。桂家の養子に入って武士になると、学問に武芸にと大いに励み、その才覚を発揮していく。桂は（純粋な）武士の生まれでないからこそ、人一倍努力せねばならぬと実父から薫陶《くんとう》を受け、藩でも剣術や学問に精を出したが、それだけでは満足できず、ついに自費で江戸に遊学。のちに江戸三大道場の一つに数えられる神道《しんとう》無念《むねん》流・斎藤弥九郎《さいとうやくろう》の練兵館《れんぺいかん》で塾頭となるほどに剣の腕を磨《みが》いた。また、斎藤はお台場や反射炉の建造で知られる江川太郎左衛門《えがわたろうざえもん》とつながりが深く、その縁もあってか、江川の塾でも学んでいる。

一方で、桂は地元、萩でも重要な出会いを果たしている。相手は高杉晋作《たかすぎしんさく》など数々の維新志士を輩出した「松下村塾《しょうかそんじゅく》」主宰《しゅさい》で有名な吉田松陰《よしだしょういん》だ。誤解されがちだが、桂は塾生ではない。彼と松陰の出会いは、松陰が藩校の明倫館《めいりんかん》で教えていた頃で、桂は松下村塾誕生より前に江戸へ出ていたのだ。しかし、二人の結びつきは強く、師弟であるとともに友人でもあった。桂は過激な言動で問題を起こす松陰をたびたび諫《いさ》め、フォローした。松陰も桂の助言を尊重して反省することもあったが、最終的に松陰は安政の大獄に巻き込まれて刑死する。この頃、江戸にいた桂はのちに総理大臣になる伊藤博文《いとうひろぶみ》と亡骸《なきがら》の受け取りに行っており、尊敬する師にして友人を無残にも失ったことは、その後の行動に大きな影響を与えただろう。

これらの経験を経《へ》て、桂は西洋列強との関係に強い危機意識を持ち、また幕府への敵愾心《てきがいしん》を抱《いだ》き、討幕・尊皇攘夷運動へ身を投じていくことになる。ただ、他の長州藩の尊皇攘夷主義者たちが過激な行動を繰り返したのに対し、桂はどちらかと言えば穏健《おんけん》的・協調的なビジョンを持っていたようだ。背景には勝海舟のような幕臣や横井小楠など諸藩の優《すぐ》れた人物との親交があり、他藩との交渉役も多かったため、自然と視野が広くなり、「自藩だけでも決行する」といった過激な行動を避けるようになったのだろう。

結果として、「八月十八日の政変（公武合体派〈薩摩・会津《あいづ》藩〉が尊皇攘夷過激派〈長州藩〉を京都から追放した政変）」によって長州藩寄りの勢力が京都を追われた後も残って弁明に努めたり、その反動で京都へ武力進出を試みる長州藩士たちを阻止しようとする（うまくいかず、京都を舞台にした武力衝突である禁門の変につながってしまう）など、過激派とは一線を画した行動が目立つ。

その後、潜伏《せんぷく》期間を経て、禁門の変および第一次長州征伐で敗れ、幕府寄りの政権が成立した長州へ戻ると、藩政に深くかかわって藩論を討幕へ転換。また、薩長同盟を成立させる。これによって力を蓄《たくわ》えた長州藩は、幕府による第二次長州征伐を退け、また討幕派・新政府の主要な戦力として戊辰戦争勝利に大いに貢献《こうけん》する。

第二次長州征伐で奇兵隊《きへいたい》を率いて活躍した高杉晋作は明治維新を見ることなく病に倒れたため、桂は「木戸孝允」と名を変えて、長州を代表する維新志士として新しい時代へ入っていくことになる。

木戸の明治黎明《れいめい》期の行動としてよく知られているものに、「五箇条の御誓文《ごかじょうのごせいもん》」起草への関与がある。明治新政府の方針を示すこの短い文章は、一度修正された元案に木戸が手を加えたものだ。どちらかといえば、諸侯会議（有力諸侯による合議制）的な内容だった元案を「天皇が公卿や諸侯を率いて神に誓う」体裁《ていさい》とし、また「以前からの風習を破って」と新しい時代の政府の意思を強調した点から、木戸の政治的信条を読み取ることができるだろう。

岩倉具視の明治以前

ここまでの三人が武士であったのに対し、残りの二人は公家である。

うち一人、岩倉具視は公家の堀河家に生まれ、岩倉家へ養子に入った人物だ。岩倉家は摂家《せっけ》、清華家《せいがけ》、大臣家に次ぐ羽林家《うりんけ》という家格ではあったが、政治に関与できる立場ではなかった。しかし、関白・鷹司政通《たかつかさまさみち》の歌道における弟子になったのを機に出世の道が開かれていき、孝明天皇の侍従《じじゅう》になる。以後、岩倉は一貫して天皇と朝廷の権威を高め、天皇を頂点とする政治体制の樹立を目指して活動していく。

安政《あんせい》五年（一八五八）、日米修好通商条約の勅許《ちょっきょ》を求めて老中・堀田正睦《ほったまさよし》が上洛してくると、公家八十八人による抗議行動（廷臣八十八卿列参事件）を計画し、堀田にプレッシャーをかけて勅許の食い止めに成功した。

その後、安政の大獄を行なった大老・井伊直弼《いいなおすけ》の暗殺（桜田門外の変）が起きると公武合体の機運が高まり、皇女・和宮《かずのみや》を将軍・家茂に降嫁《こうか》させようという計画が立ち上がった。岩倉はこれに乗じて天皇と朝廷の権威を高めるべく天皇に働きかけ、和宮降嫁を実現させる。

だが、そのことがむしろ岩倉を危機へ追い込んだ。尊皇攘夷派の志士から「皇女を将軍へ降嫁させ、公武合体を進めるとは、彼奴《きやつ》は佐幕派だ」と激しく敵視されてしまったのである。対幕府交渉で重要なポジションを占めていたこととも相《あい》まって、「幕府と親しくしている」と見られてしまったのもよくなかったのだろう。結果、幕府におもねる「四奸《よんかん》」の一人として弾劾《だんがい》された岩倉は官職を辞すと頭を剃《そ》って、本来の知行地である洛外の岩倉村へ引き込まざるを得なくなってしまった。

しかし、岩倉は諦めなかった。岩倉村から各地の尊皇攘夷派の面々と連絡を取り、また朝廷にも働きかけて政治活動を続けていく。この頃、岩倉は政治的な立場を公武合体から討幕へと移し、西郷・大久保・桂といった志士たちと連携しながら、ついに討幕の密勅を朝廷に出させることに成功。大政奉還によって討幕の正当性を失うや、今度はクーデターによって王政復古の大号令にこぎ着けたのも、既述した通りである。

三条実美の明治以前

決して家格が高いとは言い難い岩倉具視に対して、三条実美の三条家は摂家に次ぐ清華家の家格にあって、十分に高位の公家と言っていいだろう。

三条は宗家当主の実万《さねつむ》と正室の間に誕生するが、すでに跡取りがいたため、庶家を継ぐ予定になっていた。しかし、跡取りの兄が亡くなると、三条の教育係を務めた富田《とみた》織部《おりべ》が強く推したこともあり、跡取りとなる。富田は尊皇攘夷主義者であり、その薫陶《くんとう》を受けた三条も尊皇攘夷主義に目覚めていった。

そもそも三条は置かれた立場からして尊皇攘夷、また反幕府の立場につくほかなかった。というのも、彼の父である実万は日米修好通商条約に反対の立場であり、また安政将軍継嗣《けいし》問題においては一橋派の味方をしていたため、安政の大獄に巻き込まれ、謹慎・出家して亡くなってしまっていたからだ。私的な感情からも、政治的立場からも、尊皇攘夷主義を取らざるを得なかったのではないか。

やがて、三条は親戚関係にある山内《やまうち》家の土佐藩（母は山内家出身）や長州藩と結びついて、尊皇攘夷派公家の中心的人物になっていく。先述した岩倉具視ら「四奸」の追放を主導したのは、実は三条であり、また幕府に攘夷を要求する勅使として江戸へ赴《おもむ》くなど、大いに活躍した。

しかし、八月十八日の政変で長州藩および尊皇攘夷派の勢力が一掃《いっそう》されると、彼を取り巻く状況もガラリと変わる。三条は京都にいられなくなり、長州へ落ち延びるしかなくなるのだ。この時に京都から追われた三条ら公卿の人数から事件は「七卿落ち《しちきょう》」といわれた。その後、状況はさらに悪化し、三条らは第一次長州征伐により長州にさえいられなくなり、九州の太宰府《だざいふ》へ落ち行くことになってしまう。

こうして五卿（一人病没、一人脱走）は、福岡藩預かりで太宰府に幽閉された。しかし、三条はじっとしてはいない。尊皇攘夷・討幕の志士たちと交《まじ》わり、政治運動を展開したのである。幕府としては五卿らを大坂に移すべく要求もしたようだが、当時すでに衰退著《いちじる》しい幕府の命令は受け入れられず、また幕府の目を憚《はばか》ることなく、たくさんの人が三条の元へ出入りした。

その中で展開した大きな計画こそが薩長同盟である。長年の対立から薩摩藩との提携を嫌《いや》がった桂小五郎に対して三条が働きかけることで、同盟が成立した要因が少なからずあったようだ。また、薩長同盟締結でも活躍した土佐の中岡慎太郎《なかおかしんたろう》は三条と岩倉具視を結びつけようと働きかけもしている。この時は三条が政敵であった岩倉を「姦物《かんぶつ》」として嫌《いや》がったが、最終的に連携を受け入れたようだ。

このような策謀の展開を経て王政復古の大号令が発され、三条らはいよいよ太宰府を出て京都に戻り、新政府に参加することになるのである。

「王政復古の大号令」時点の新政府要職

では、西郷らの五人を中心に展開していった明治新政府はどのような構造になっていて、どんな要職が設置されていたのか。これが意外と変転を繰り返しているので、紹介していきたい。

王政復古の大号令は「王政復古」、つまり天皇を頂点とする君主制に戻すことを目的としたものとされている。そうなると、前著『ナンバー2の日本史』で見てきたような、天皇をナンバーワンとして担《かつ》ぎ、実権は別の人物や組織が握るような体制は、もちろん排除対象になるわけだ。よって、大号令によって幕府だけでなく、摂政・関白の廃止も宣言されるのはいうまでもない。意外に見落とされがちだが、実はこの時に幕府だけでなく従来の朝廷における役職も廃されていたのだ。

しかしながら、現実問題としてナンバーワン＝天皇が独裁者として政治を行なえるはずもない。そこで、将軍（およびその下の大老・老中）や摂政・関白に代わる政府要職が必要になった。王政復古の大号令で設置された要職は「三職《さんしょく》」で、総裁・議定《ぎじょう》・参与《さんよ》となる。すでに紹介した人物を中心に見ていくと、各職についた人員は以下の通り。

●総裁（最高官職）：有栖川宮熾仁親王《ありすがわのみやたるひと》がつく。
●議定：皇族・公卿および雄藩の藩主（あるいは準ずる立場）がつく。
　　三条実美・岩倉具視は追加で任命。
●参与：公家および雄藩の藩士がつく。
　　西郷隆盛、大久保利通、岩倉具視（のちに議定）など。

この時点では職制はしっかり定まっておらず、いろいろな立場の人物を集めて今後の方針を決めるための会議を開くという意味合いが強かったようだ。しかし、慶喜をはじめ幕府の人間は含まれていない。クーデターの結果、排除されている。

実際、大号令後の翌慶応四年一月までの間に三職での会議が繰り返し開かれたが、政治的立場は必ずしも一致しなかったので、特に「慶喜と徳川家をどのように処置するか」については、しばしば議論が紛糾《ふんきゅう》した。だが、鳥羽・伏見の戦いののち、慶喜が謹慎、旧幕府勢力が戊辰戦争で壊滅していくと、この問題が実質的に片付いてしまったのは見ての通りだ。

結果、新政府の構造も変化していく。一月九日には副総裁が置かれた（三条実美・岩倉具視が議定と兼任）。同月十七日にようやく職制と分科が定められ、「三職七科の制」として各々の役目が決まる。

これによると、皇族がつく総裁は「万機《ばんき》（天下の政治）を総理するもの」で、公卿や諸侯（大名）がつく議定は「各科に分けて監督し議事を決めるもの」となり、公家や諸藩の藩士がつく参与は「各科の事務を分けて担当するもの」とされた。ちなみに各科とは、神祇《じんぎ》・内国・外国・海陸軍・会計・刑法の六つの事務科と制度寮を指す。

さらに二月三日には「三職八局の制」と改められた。この八局は新設された総裁局および七科を継承する神祇《じんぎ》・内国・外国・軍防・会計・刑法・制度の七つの事務局で構成される。

以上を見る限り、総裁こそがのちの時代における内閣総理大臣に相当する役職であり、天皇

（ナンバーワン）を担ぐナンバー2であるように見える。

では、この役職についた有栖川宮熾仁親王はナンバー2的な役割を担っていたのだろうか。

有栖川宮熾仁《たかひと》親王は有栖川宮熾仁の長子である。有栖川宮家は後陽成《ごようぜい》天皇（安土桃山・江戸時代前期の天皇）の第七皇子・高松宮好仁《たかまつのみやよしひと》親王を祖とする世襲親王家であった。

熾仁親王は幕末史において、まずは和宮内親王の元婚約者として登場する。しかしながら、和宮は公武合体の政略結婚のため、十四代将軍の家茂に嫁ぐことになり、熾仁親王との婚約は破棄されることになる。その後、国事御用掛《こくじごようがかり》として政治にかかわるが、元は尊皇攘夷派であり、長州と親しかったため、禁門の変後に謹慎を申しつけられた。その次に熾仁親王の名が登場するのは、王政復古の大号令で設定された総裁への就任であった。

ただ、熾仁親王が総裁として新政府創設に辣腕《らつわん》を振るって活躍したとは、ちょっと思えない。というのも、二月には東征大総督に任ぜられ、東征軍の名目上の大将として軍勢を東へ進めているからだ。そして、熾仁親王が江戸にいた閏《うるう》四月には大規模な官制改革が実施され、総裁の役を解かれている。少なくともこの時点で、実際にナンバー2の役割を担っていたのは副総裁の三条実美・岩倉具視だったと考えるべきだろう。

太政官制度の樹立

閏四月二十一日公布された政体書によって、三職八局の制に代わって太政官《だじょうかん》が最高行政機構として機能する制度が立てられた。以下は一部のちに制定された部局などもあるが、まとめて紹介する。

この太政官は三権（立法・行法・司法）を分担する議政官（立法）、行政官（行法）、刑法官（司法）に分けられている。西洋の三権分立を真似《まね》たものであるが、この時点ではまだ形式的なものであったようだ。

議政官は上局《じょうきょく》と下局《かきょく》に分かれていて、上局にはかつての三職の一員と同じ名前の議定・参与が配され、法律や条約の締結、上級の役人を選ぶことなど、重要な権限が与えられた。その指示で動くのが下局である。行政官の下には神祇官・会計官・軍務官・外国官・民部官などが置かれたが、特に本書において重要なのは、ここに置かれた役職「輔相《ほしょう》」であろう。これは以前の制度にあった副総裁を引き継ぐもので、三条実美・岩倉具視がついている。その仕事は「天皇の補佐」「国内の事務や宮中の庶務の統括《とうかつ》」であって、彼らが引き続きナンバー2として活躍していることがわかる。

木戸が奔走した版籍奉還

初期の明治新政府にとって最も重要な課題の一つが、中央集権国家の創設であった。江戸時代、幕府は外交等の権限を掌握して日本を代表する政権であったが、一方で全国の地方自治については諸藩の権限が非常に大きい政治体制でもあった。新政府は新しい時代に対応するべく強力な中央集権体制をつくらなければいけなかったのである。そのために実行された政策が、有名な「版籍奉還」と「廃藩置県」だ。

版籍奉還は版（封土《ほうど》、領地）と籍（領民）を天皇に返すことである。大きなきっかけは、明治元年（一八六八）十一月、姫路藩が藩内の混乱・対立から「版籍を奉還したい」と申し出たことだ。これに乗じたのが、木戸である。そもそも、木戸は中央集権化を強く志向し、この年の二月からたびたび版籍奉還を岩倉・三条らに提案しており、自身の出身である長州藩主の毛《もう》利敬親《りたかちか》を説《と》き伏せるとともに、薩摩の大久保・土佐の後藤象二郎《ごとうしょうじろう》を引き入れ、自分たちの藩を版籍奉還の先駆けにしようと画策した。ここに肥前藩《ひぜん》（佐賀藩）も入ってきて、翌年一月二十日、薩長土肥《さっちょうどひ》の四藩藩主からの版籍奉還の申し出になったのである。

その後、多くの藩がこれに追随《ついずい》。六月には他の藩にも版籍奉還するように命令が下され、すべての藩が版籍を奉還するに至った。ただし、この時点で旧藩主は藩知事《はんちじ》として残っており、まだ地方自治体としての藩が解体されたわけではない。それでも新政府による諸藩への影響力は非常に高まった。

なお、当初、明治新政府の拠点は京都だったため、太政官も京都にあったが、明治二年に天皇が東京へ移る（これを遷都と受け取るかどうかは諸説ある）際、一緒に移動している。

同年七月八日の官制改革では「二官六省の制」が制定された。これは復古色の強い改定で、太政官に一名ずつの左大臣・右大臣、三名ずつの大納言《だいなごん》・参議が置かれ、この政府中枢の下に民部・大蔵《おおくら》・兵部・刑部《ぎょうぶ》・宮内《くない》・外務の六省（その後、分離や追加などが行なわれる）が置かれる一方、太政官の上には神祇官が置かれた。

西郷の力があってこその廃藩置県

さて、版籍奉還は一定の効果を示したが、まだ不十分だった。この頃、新政府は中央集権化に加えて西洋化も急激に進めていたが、そのせいで攘夷派の志士による反発や、重税にあえぐ農民たちの一揆を招いてしまっていた。これに対応するためには新政府の強化、財源の確保が必須《ひっす》であり、そのために実施されたのが「廃藩置県」、つまり藩をすっかりなくして県に置き換える改革であった。

しかし、これを実行するにあたり、三条・岩倉・木戸・大久保の力だけでは不十分だった。彼らは長州藩の毛利敬親、薩摩藩の島津久光、そして戊辰戦争後に薩摩へ引っ込んでしまっていた西郷隆盛を味方に引き込み、彼らの力で廃藩置県を実現しようとしたのである。

明治三年（一八七〇）十一月、岩倉は勅使として大久保とともに薩摩へ向かい、西郷を説得。続いて山口で木戸と合流。最後に土佐へ行き、西郷と同じように地方政治に専念していた板垣《いたがき》退助《たいすけ》と会う。一行が西郷・板垣を連れて戻ったのち、新政府内で改めて廃藩置県の計画が動き出す。その背景には反対勢力を牽制《けんせい》する、薩摩・長州・土佐から派遣した一万の御親兵《ごしんぺい》という軍事力があった。また、人事面でも明治四年六月二十五日に従来の参議が辞めて、西郷・木戸が交代に参議についている。結果として、明治四年七月十四日、天皇によって廃藩置県が命じられるに至った。

劇的な改革がスムーズに進んだ裏には、計画を推進した木戸の奔走や、薩長土の軍事力もあったろう。一方で、それ以上に当時の諸藩は疲弊しており、戊辰戦争での戦費の負担等が藩の財政を圧迫するなど、廃藩置県は渡りに船だった事情もあるようだ。また、「中央集権体制なしに西洋列強に伍《ご》する新国家をつくり上げることはできない」という危機感が政府中枢に広く浸透していたことも大きかったろう。

廃藩置県の直後、官制が再び改定された。神祇官が廃され、太政官は行法担当の正院《せいいん》、立法担当の左院・各省の要職による連絡機関の右院となり、政治中枢は太政大臣《だじょうだいじん》・左大臣・右大

明治新政府の政治体制

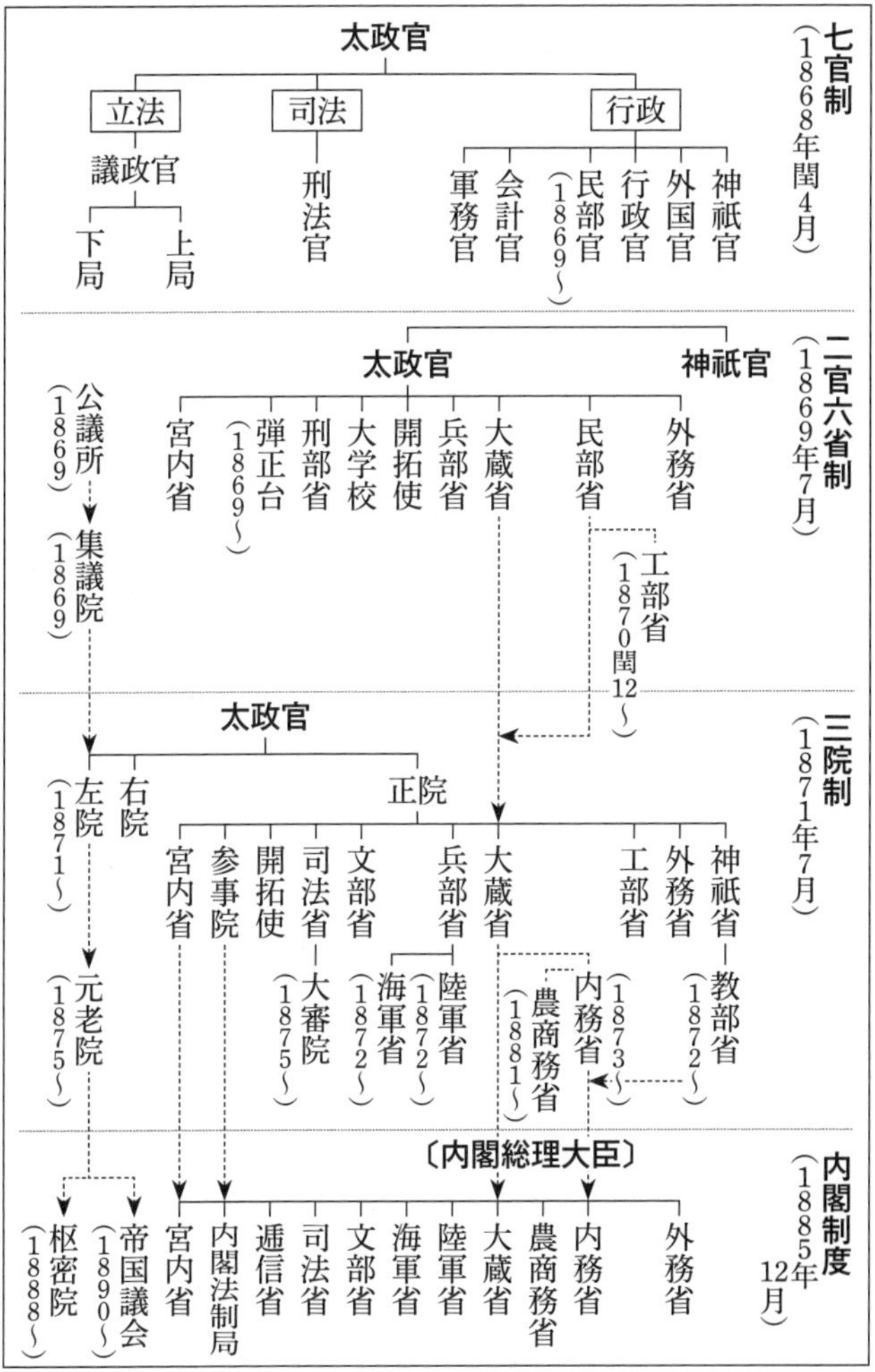

『山川日本史総合図録【増補版】』（山川出版社）などを参照

臣・大納言《だいなごん》・参議から、正院の中に太政大臣・納言・参議が置かれる形となって、またすぐに太政大臣・左大臣・右大臣・参議と改められた。

太政大臣は三条、これに次ぐ左大臣は当初空席で、右大臣には岩倉が就任。のちに島津久光が左大臣になったが、政府への不信から辞職すると再び空席になり、その後、有栖川宮熾仁親王が左大臣についた。

大臣たちの役目は天皇を輔弼《ほひつ》（補佐）するものと定められたのに対し、大臣を補佐して国家の政策を定めるのが参議の役目とされている。西郷や木戸の例からわかる通り、雄藩出身の維新志士たちは参議となり、実質的に国を動かしていったのである。一方で公家は三条・岩倉を例外として実権を持つ者はいなくなっていく。

また、雄藩出身といっても、その出身地は大まかに薩長土肥、さらにいえば薩摩と長州に限られる部分が少なからずあったようだ。結果として、木戸孝允をリーダーとする長州閥《ばつ》と、西郷隆盛・大久保利通に代表される薩摩閥が新政府内で政治的に対立することになったのである。また、同じ派閥内でも必ずしも意見が統一されているとはいえず、そのことが、いわゆる征韓《せいかん》論《ろん》問題にもつながっていく。

征韓論と明治六年の政変

「征韓論」は文字通り朝鮮を征伐しよう、という主張のことだ。これが日本国内で盛り上がった背景にはいくつかの事情がある。

そもそも『古事記』などの文献には、古代日本が朝鮮へ出兵して征服したとする記述があり、ここから幕末期に朝鮮を下に見る風潮が一部で存在していた。西洋列強からプレッシャーをかけられる中で、「自分たちは朝鮮（韓）を圧迫しよう」といった意見が出てくる。そこに「新政府から送られてきた国書はこちらを下に見るような書き方になっている」と朝鮮側が親書の受け取りを拒絶した事件が起き、日朝関係が悪化して、「朝鮮を征伐しよう」と盛り上がったわけだ。

ここに国内事情も重なってくる。そもそも朝鮮出兵自体は戊辰戦争終結直後から議論にのぼっていた。それは旧幕府勢力打倒後、役目を失った新政府軍の行き場のためであった。また、徴兵令が発布され、軍人の仕事に武士階級でない人たちもつくようになり、特権を奪われる武士たちの不満が高まるのは見えていただけに、彼らの意識を向ける矛先《ほこさき》として朝鮮が選ばれたのである。実際、木戸は版籍奉還とともに朝鮮出兵を提案していた。さらに重税にあえぐ庶民が不満を募《つの》らせており、いよいよ国内の外へ目を向ける必要が強くなっていた。

明治六年（一八七三）五月三十一日、朝鮮側が「倭館（居留地）へ食糧を出さない」といった強硬な姿勢を打ち出してくると、新政府の中で「朝鮮在住の日本人を守るために出兵せよ」といった意見が一気に盛り上がった。実は当時、政府首脳は不完全な形だった。岩倉・木戸・大久保らが遣欧《けんおう》使節団として長きにわたり、日本を留守にしていた（大久保はこの直前、木戸は七月には日本へ戻ったが、西郷・板垣を中心とする留守政府の動向に不満を持ち、公的な活動はしていなかった）。

参議・板垣退助が出兵を訴えるのに対して、日本に残っている首脳の中で筆頭参議として重責を担っていた西郷は出兵に反対し、自らが使節として朝鮮へ赴《おもむ》くことを提案した。三条は「西郷が朝鮮に行けば殺される」と一時反対したが、西郷としてはむしろ自分が殺されることによって朝鮮出兵の大義名分が立つと考えていた、といわれている。

結局、八月十七日に西郷の大使任命が内々に決まったものの、この時点では岩倉がヨーロッパから戻っていなかったため、その帰国を待つことになった。九月二十三日の岩倉帰還後、征韓論反対を決断して参議に就任した大久保と岩倉が結託し、自らの大使派遣に固執する西郷らと、十月十四日および十五日の閣議で対決。「今はまだ国力を高めるべき」と考える岩倉・大久保と、前述したような事情から出兵を必要と考える西郷・板垣らの議論は平行線のままであった。

この時、三条はどちらにもつかず、その立場に苦しんだせいか、病に倒れてしまう。十月二十日、岩倉が代わって太政大臣になる命を受け、二十四日に大使派遣延期（中止）を決定。征韓論そのものが立ち消えとなった。前日には西郷がすでに政府を離れており、征韓論に賛成した人々の多くがこれに追随《ついずい》した。これを「明治六年の政変」と呼ぶ。

西南戦争と西郷の死

明治六年の政変によって征韓論をめぐる政治闘争にはいったん決着がついた。しかし、背景にあった問題は片づいていない。すなわち、特権を失った士族と重税に苦しむ庶民が、新しい政治に強い不満を持っていた。

もちろん、新政府も手をこまねいていたわけではない。当時中国（清《しん》）の領土であった台湾に漂着した日本船が襲撃された事件に端を発する、明治七年（一八七四）の台湾出兵は、まさに征韓論と同じく国内の不満を外へ逸《そ》らすための計画であった。

この時、木戸が「今はそれどころではない」と激しく抗議したため、出兵は土壇場《どたんば》で中止となったものの、今度は出兵を命じられていた西郷従道《つぐみち》（西郷の弟）が反発。大久保・岩倉の説得も受け入れず、なし崩《くず》しに出兵した。イギリスの仲介によって清と和睦《わぼく》できたものの、政府の内部が混乱していたことがわかる事件である。

政府・国内が混乱しているうち、ついに揮発《きはつ》したガソリンのようにわだかまっていた不満に火がつき、各地で大規模な反乱が起きるようになった。

明治七年には江藤新平《えとうしんぺい》による佐賀の乱、明治九年には熊本での神風連《しんぷうれん》の乱およびこれに呼応する前原一誠《まえばらいっせい》率いる萩の乱が起きた。佐賀藩出身の江藤と長州藩出身の前原。二人は共に元参議で新政府に深くかかわっていたが、政治対立から下野していた。これらの士族反乱の中でも最大のものが、征韓論で新政府を離れていた西郷隆盛を担ぎ上げた西南戦争である。

新政府を離れた後の西郷は故郷の鹿児島へ戻り、畑を耕したり狩りをしたり温泉に入ったりと、悠々自適の暮らしをしていた。その一方、西郷を慕う血気盛んな士族の若者たちが鹿児島に集まってきた。彼ら元士族たちを取りまとめ、あるいは抑え込むために私学校を開いたが、このことが反乱の火種になってしまう。もともと鹿児島県自体が中央政府の方針と対立しており、私学校に参加した維新以来の西郷側近と鹿児島県令（県令は知藩事に代わって任命された県のトップ）が結びついて、実質的に県自体が独立勢力化したようなありさまだった。そして、明治十年一月、私学校派が政府の火薬庫を襲ったことをきっかけに一万五千人が挙兵したのである。

西郷自身は最後まで反乱に賛成しなかったが、激発する不平士族たちを抑え込むことができず、挙兵に押し切られたという。出陣の名目を「政府を尋問《じんもん》するため」としたのが、最後の抵

キヨソネが描いた西郷隆盛

抗であったろう。政府側としてもまさか西郷が挙兵するとは思っていなかったらしく、挙兵当初には「西郷や島津久光らに働きかけさせて抑え込ませては」という意見が出ている。特に大久保は西郷の挙兵をなかなか信じようとせず、事実が判明すると人前で涙を流した。

二月に出陣した西郷軍は政府軍が籠《こ》もる熊本城を攻撃したが、敗北。九月に鹿児島へ戻り、多くの兵が城山《しろやま》で激闘の末、果てた。西郷は側近の別府晋介《べっぷしんすけ》に「晋どん、もうここらでよか」と声をかけ、介錯《かいしゃく》をさせたと伝わっている。一方、大久保は大阪で政府軍の指揮をとっていたが、幼《おさな》なじみの死を知って号泣《ごうきゅう》したといわれ、「おはんの死とともに新しか日本が生まれる。強か日本が」と呟《つぶや》いたとも伝わっている。

なお、この時に征討総督を務めたのが有栖川宮熾仁親王である。かつて旧幕府勢力打倒のために東征軍の大総督を務めたのともあわせて、熾仁親王が有事の際に天皇に変わって矢面《やおもて》に立つ役目を担っていたことがよくわかる。右大臣になったのはこののちのことで、熾仁親王はしばしば明治天皇を補佐し、名代《みょうだい》を務めている。明治十五年にロシア皇帝即位の儀式に参加するためロシアへ渡ったのは、その際たるものであろう。

本書でメーンに扱う形式とは少し異なるため、大きな扱いにはしなかったが、熾仁親王も「ナンバーワンを支えるナンバー2」といえる存在のため、改めて紹介した。

木戸と大久保の退場

こうして討幕の功労者・西郷隆盛はこの世を去ったが、実は前後する形で木戸孝允も退場している。木戸は台湾出兵に反対して参議を辞めたのち、一度復帰したものの、結局、明治九年（一八七六）三月に再び参議を辞任。内閣顧問などをして政治とかかわり続けたものの、もはや長州閥の中心人物ではなかったようだ。伊藤博文ら長州閥の政治家・官僚は、むしろ大久保へ接近していったのである。そして、西南戦争最中の五月二十六日、病に倒れ、帰らぬ人となった。晩年の木戸は病がちで、そのようなところも政治活動の足を引っ張ったのであろう。

かたや合戦での敗死、かたや病死という違いはあるものの、西郷と木戸に共通する点がある。それは死の時点ですでに政治的な使命を果たしていたことだ。

廃藩置県は明治維新の一連の改革において、クライマックスといえる大事業であった。もちろん、この前後にも大きな改革が行なわれているが、長く続いた地方分権の時代（それはほぼ武士の時代とイコールであった）から中央集権への移行を目指した版籍奉還・廃藩置県はその中でも飛び抜けて大きな意味を持つと言っていいだろう。

木戸はこの事業を強く志していたし、西郷が政界へ復帰したのも廃藩置県を成功させるためであった。逆に言えば、これを成功させた時点で彼らの政治的な使命は終わっていたのである。

西郷と木戸が退場した後も、明治初期のナンバー2候補として名前をあげた五人のうち三人は残っている。しかし、三条と岩倉は公家出身であり、雄藩出身の重鎮たちとは立場が少なからず違う。結果として、征韓論以降の明治政府は大久保による独裁的な色合いを強めていく。そもそも木戸が参議を辞めたのも、大久保の力が強くなりすぎたことが原因であった。

では、西郷と木戸がいなくなった後、いよいよ大久保の天下になったのか。実は、そうはならなかった。明治十一年五月十四日、大久保を乗せて宮中へ向かっていた馬車を、不平士族を中心にする一党が襲撃。大久保は殺害されてしまったのである。この時、大久保は西郷からの手紙を所持していたという。

実行犯は以前から鹿児島私学校派とつながりがあり、挙兵を計画していたものの果たせず、暗殺実行に至った。事件は襲撃場所の名を取って、紀尾井坂《きおいざか》の変と呼ぶ。

奇《く》しくもほぼ同時期に死んだ西郷・大久保・木戸は討幕および新政府樹立への貢献から、「維新三傑」と呼ばれる。中でも人気を獲得したのが西郷で、反逆者として死んだにもかかわらず西郷を慕う人は絶えなかった。

ヤマトタケルしかり、源義経《みなもとのよしつね》しかり、真田信繁《さなだのぶしげ》（幸村《ゆきむら》）しかり。日本には古くから悲劇の英雄の物語がいくつも伝わり、人々に愛されてきた。西郷もまたこの一人に数えられる。庶民は彼を「討幕の英雄として新政府樹立に大いに貢献しながら、他の志士たちのように要職につ

大久保利通（清沢洌『外政官としての大久保利通』国立国会図書館蔵）

いて豪奢《ごうしゃ》な暮らしをしようとせず、命を捨てて政府の振る舞いに異を唱《とな》えた偉大な人物」としてとらえ、愛したのである。

悲劇的な死を遂げた英雄には不死伝説がつきものだ。西郷も「実は死ななかった」話がいくつも語られている。特に、明治二十四年には、「実は西郷はロシアへ逃《のが》れていて、ロシア皇太子とともに戻ってくる」という噂話が流れた。

コラム

佐幕派のナンバー2

第一章では幕末から明治初期にかけてのナンバー2たちを紹介した。ただし、話の都合上、どうしても尊皇攘夷派・討幕派の人物に偏《かたよ》らざるを得なかったのも事実である。幕末期の幕府重鎮については前著で触れたので、ここでは前著および第一章でカバーしきれなかった幕末から明治初期にかけて活躍した佐幕派人物の中から二人、ナンバー2的な存在を紹介したい。

江戸無血開城の立役者

勝海舟は開明派の幕臣として幕末期に活躍した人物で、諱《いみな》は義邦《よしくに》。有名な「海舟」は号である。旗本小普請組《こぶしんぐみ》の勝小吉《こきち》の長男として江戸で誕生した。といっても、武士の家系ではなく、盲人の曽祖父が江戸で鍼医《はりい》として財をなし、旗本の株を買ったことで息子たちが武士になっている。父の小吉は旗本・勝家の養子に入って勝小吉と名乗り、破天荒な人物として江戸で知られた。無役で四十俵《ぴょう》というから、武士といえども勝家の暮らしは楽ではなかったはずだ。

従兄弟《いとこ》の男谷精一郎《おだにせいいちろう》がのちに「幕末の剣聖」と呼ばれるような人物だった縁もあって、勝も幼い時から剣術修行に励んだ。しかし、勝の運命を開いたのは、剣の師から勧められた学問修行の方であった。勝は西洋兵術・蘭学を学び、幕臣の大久保一翁《おおくぼいちおう》の知遇《ちぐう》を得たことから、下田取締掛手付として外国語書籍の翻訳に従事したのち、長崎で操船などを学ぶ海軍伝習所に参加。日米通商条約批准《ひじゅん》使節派遣の際、幕府海軍所属の咸臨丸《かんりんまる》艦長として使節が乗る船の護衛の名目で太平洋を横断している。

帰国後も引き続き海防・対外政策に従事し、ついに軍艦奉行に出世（安房守《あわのかみ》の官位を賜《たま》わる）。海軍の士官養成所となる神戸海軍操練所を開いた。勝は幕臣ながら佐幕一辺倒の人物ではなく、操練所には坂本龍馬に代表される諸藩出身者も積極的に受け入れ、西郷隆盛と接触して「幕府を除いた諸藩連合」を提案するような一面もあった。このような勝の開明思想が上層部から忌《き》避《ひ》されたのか、軍艦奉行の職を取り上げられるとともに海軍操練所も閉鎖される。

第二次長州征伐を前に幕府と薩摩藩の関係が悪化する中、勝は軍艦奉行に復帰。薩摩と幕府の調停や長州との停戦交渉に奔走する。

勝の仕事は後始末が目立つが、特に最大の後始末となったのが、江戸城無血開城だった。鳥羽・伏見の戦いで敗れた徳川慶喜は江戸に戻ると謹慎し、東征する新政府軍との交渉を勝へ一任してしまったのである。この時の勝はまさに前著・本書で定義するところのナンバー2的存在だと言っていいだろう。そして実際、以前からの知己《ちき》である西郷隆盛と直接対面して交渉した結果、江戸城の無血開城と徳川家の存続を勝ち取ったのである。

交渉後、徳川家は新当主として家達《いえさと》を迎えると、江戸を去って静岡へ移ることとなり、勝自身も同行した。ただし、新政府としては勝の能力や名声を放っておく気はなく、たびたび役職に任命する（勝は拒否）と、版籍奉還・廃藩置県などの重要問題について意見を求めている。その後、東京に戻り、新政府に出仕して参議兼海軍卿を務めたり、あるいは元老院議官に任命されたりしたが、長く新政府に属することはなかった。とはいえ、新政府との関係をまったく断絶したわけでもなく、伯爵《はくしゃく》位を受け、また枢密顧問官にもついている。

明治期の勝（かつての官名から「勝安芳《やすよし》」を名乗った）は政界に隠然たる影響力を持つ「影の相談役」であると同時に、徳川家の人々（家達、慶喜、天璋院《てんしょういん》〈十三代将軍の側室〉、和宮《かずのみや》など）や旧幕臣の世話役でもあった。

さらには幕末期のさまざまな物事について（おそらくは多少の誇張やホラも含めて）多くを語って、『氷川清話《ひかわせいわ》』などの著作を世に出しつつ、明治の中頃まで生きた。

鬼の副長

いま一人、佐幕派組織のナンバー2を紹介したい。京都で勇名を上げた新撰（選）組幹部、「鬼の副長」の異名で知られる土方歳三《ひじかたとしぞう》だ。

土方は武蔵《むさし》国多摩郡石田《いしだ》村（東京都日野市）の豪農の家に六人兄弟の一番下の子として誕生

した。幼くして江戸へ丁稚《でっち》奉公に出されたが長続きせず、姉の夫の家に居候して剣術修行をする一方、家業であちこちを回ったとされる。石田家の家業は、打ち身に効《き》くという石田散薬の行商である。

土方は江戸牛込《うしごめ》（東京都新宿区）にあった天然理心流道場の試衛場（試衛館）で師範代になる。文久《ぶんきゅう》三年（一八六三）、この流派で出会った近藤勇《こんどういさみ》・沖田総司《おきたそうじ》らとともに新撰組の前身になる浪士組に参加した。当時、京都では尊皇攘夷主義の過激派による活動が盛んで、その対策として幕府は腕自慢を集めて隊を組ませ、京都へ送り込んだ。

ところが、浪士組結成を幕府に働きかけ、リーダーであった清河八郎が京都に到着すると、寝返ったのである。清河はもともと尊皇攘夷主義者であり、浪士組も幕府ではなく朝廷のための組織として運用しようと画策した。浪士組の多くは清河に従ったが、近藤・土方ら一部が反発。京都へ居残って会津藩預かりの立場となり、洛中の治安維持のために活動することになった。これが新撰組の始まりである。

土方は結成当初から副長を務めたが、この時点で土方は全体のナンバー2とは言い難い存在だった。というのも、当初の新撰組は二人のトップ（局長）がいたからだ。一人は近藤、もう一人は水戸《みと》浪士の芹沢鴨《せりざわかも》である。両者はそれぞれにシンパを率いており、最終的には近藤派が芹沢およびそのシンパを粛清《しゅくせい》することで事態を収束させた。ここに局長の近藤と副長の土方による体制が確立したのである。

新撰組は元治《げんじ》元年（一八六四）には尊皇攘夷派の集会を襲撃（「池田屋事件」）。桂小五郎は集会に参加する予定だったが、運よく免れている）して大いに名をあげ、禁門の変でも出陣して戦闘している。その一方で内紛続きの体質は変わらず、参謀の伊東甲子太郎《いとうかしたろう》の一派が尊皇攘夷主義者に接近して分派した際には、やはり伊東派を粛清している。また、同時期に新撰組は幕府によって武士として召し抱えられており、土方は「見廻組《みまわりぐみ》肝格（七十俵五人扶持《ぶち》）」となった。

慶応四年（一八六八）、慶喜に従って鳥羽・伏見の戦いに旧幕府軍として参戦した際、近藤は伊東派の残党に襲撃された傷がもとで療養中であり、土方が新撰組を率いた。敗戦後、新撰組は江戸へ戻り、近藤・土方は新たな身分を与えられて名を変え（土方は寄合《よりあい》席格、内藤隼人《ないとうはやと》となった）、新撰組も「甲陽鎮撫隊《こうようちんぶたい》」と改称して甲斐勝沼《かいかつぬま》（山梨県勝沼市）で新政府軍と戦うも惨敗した。その後、下総流山《しもうさながれやま》（千葉県流山市）に滞陣中、新政府軍と接触する。近藤は土方たちを逃すべく、新政府軍に降伏するが、正体が暴かれて処刑された。近藤の捕縛《ほばく》後、土方は勝海舟らに面会して助命工作を図ったが、うまくいかなかったとされる。

長年にわたって支え続けてきたナンバーワンの近藤を失った土方は、それでも戦いをやめることはなかった。土方は新政府軍に無血開城された江戸を脱出して新撰組を再編し、宇都宮《うつのみや》戦争や会津戦争に参陣。仙台へ移って奥羽越列藩同盟に参加し、総督への就任を旧幕府海軍副総裁の榎本武揚《えのもとたけあき》から打診されるが、土方が強い指揮権を求めたために反発を受け、話は流れている。その後、榎本武揚らと蝦夷箱館《えぞはこだて》（北海道函館市）へ逃れ、榎本の建国した蝦夷共和国に参加し、陸軍奉行並箱館市中取締裁判局頭取《とうどり》となっている。

しかしながら、ことここに至って旧幕府勢力に勝ち目はなかった。共和国軍が籠もった五《ご》稜郭《りょうかく》での戦いの中、土方は流れ弾にあたって戦死する。明治二年（一八六九）のことであった。

第二章　明治時代のナンバー2

ナンバーワンとナンバー2の関係

維新三傑がすべて退場した後、彼らより年下の政治家たちが政府を動かしていくことになる。代表としては伊藤博文《いとうひろぶみ》や山縣有朋《やまがたありとも》、あるいはさらに次の世代の桂太郎《かつらたろう》や西園寺公望《さいおんじきんもち》といった人々だ。この章では、彼らがいかに近代日本を動かしていったかを見ていく。

また、本章が舞台とする明治時代の中期から後期は、ナンバーワンたる天皇（明治天皇）がある程度の政治力を発揮した時代でもある。ナンバー2はナンバーワンとの関係性なしには成立しない立場であるため、本章は特にその点にも注目してほしい。

のちほどくわしく紹介するが、大日本帝国憲法において天皇は元首として規定され、議会の召集・解散、軍隊の指揮、条約の締結、戦争の宣戦・講和など、その権限は非常に大きなものだった。しかし、無制限に口を出したわけではない。少なくとも明治時代後期は政治的な力があったうえで天皇自身がそれを抑制していたと考えられる。

もちろん、天皇の力を一定程度は制限できる仕組みが憲法自体に用意されていたのも事実だが、明治天皇は明らかに「口を出す」タイミングを自覚していた。天皇が事態に介入《かいにゅう》するのは、藩閥《はんばつ》同士の対立や藩閥と政党の対立がよほど大きな問題になる時。あるいは、総理大臣や重鎮らでは事態を収拾できないようになった時だけだ。また、総理大臣を選んで任命する（組閣の大命を下す）のは天皇の権限だが、自ら候補を選んだりはしない。あくまで推薦《すいせん》を受けて命じるに留《とど》まっている。

この構造は、前著『ナンバー2の日本史』で紹介した「安定した時代はナンバーワンが独裁をするよりナンバー2に任《まか》せた方がうまくいく」のと同じだ。逆に言えば、明治の中期から後期にかけては、平常時には藩閥の重鎮たちに任せ、いざという時には天皇が口を出すという体制をつくることができたため、日清《にっしん》戦争・日露《にちろ》戦争などの危機を乗り越えることができた、とも言えるのだろう。

立憲政治へ

さて明治初期、政府の意識は新しく強い国家建設のために中央集権化へと向きやすく、憲法と議会のある立憲政治の成立はまったく無視されていたわけではないにせよ（五箇条の御誓文が「公議輿論《よろん》」を掲げていたり、諸藩の大名が集まった公議所をつくったりしたように）、後回しにされがちであった。

しかし、廃藩置県が達成され、また岩倉使節団に参加して実際に西洋列強の政治体制を自分の目で見てきた木戸《きど》や大久保《おおくぼ》らが立憲政治の必要性を訴えると、状況が変わってくる。

民間では征韓論で政府を離れた板垣退助《いたがきたいすけ》らが自由民権運動を盛り上げた（背景には、武力による政府打倒の試みが挫折する中で、思想や運動を用いたやり方へ不満の行き先が変わったこともあったようだ）。そして政府の方でも明治八年（一八七五）には板垣を政府へ復帰させるとともに「漸次《ぜんじ》立憲《りっけん》政体《せいたい》樹立《じゅりつ》之《の》詔《みことのり》」を出すなど、立憲政治への道を進んでいく。なお、同じタイミングで元老院《げんろういん》（立法諮問《しもん》機関）と大審院（司法機関）が設置されている。

大久保の後継者

伊藤博文はここまでにも名前が出てきた通り、長州《ちょうしゅう》藩の出身である。博文は維新後に名乗った名前であり、それ以前は伊藤俊輔《しゅんすけ》と名乗っていた。

元は農民の子であったが、父が藩の中間《ちゅうげん》（足軽）の養子になったことから自身も伊藤姓を名乗るようになった。吉田松陰《よしだしょういん》の松下村塾《しょうかそんじゅく》に学んで尊皇攘夷《そんのうじょうい》思想に目覚め、また処刑された師の亡骸《なきがら》を受け取る役目を担ったのはすでに紹介した通りである。志士としてイギリス公使館襲撃に参加するなど攘夷活動に熱狂する一方で、いわゆる「長州ファイブ」の一人としてイギリスへ留学するような側面もあった。留学経験を経《へ》て、はっきり開国主義へ転換したようで、長州と西洋列強の衝突を聞いて急ぎ帰還。藩内に開国主義を浸透させるとともに、桂小五郎《かつらこごろう》（木戸孝允《たかよし》）と討幕のため奔走《ほんそう》、明治維新の成立に貢献《こうけん》した。

明治新政府の樹立後は、大久保利通《としみち》・木戸らよりも下の世代の官僚として活躍。また、岩倉《いわくら》

伊藤博文（『近世名士写真』国立国会図書館蔵）

具視《ともみ》・大久保らの遣欧使節団にも参加し、帰国後は征韓論に反対し、明治六年の政変で多くの有力者を失った政府で、さらに地歩を確立するに至った。

こうして大久保・木戸・岩倉らと親密な関係をつくっていた伊藤が、大久保暗殺で主要人物を失った政府において「大久保の後継者」とみなされるようになっていくのは当然であったといえよう。実際、伊藤は大久保の死後に彼のポストであった内務卿《ないむきょう》についている。

ただ、この時点で政府において最も強い発言力を持っていたのは伊藤ではなく、まだまだ健在であった岩倉や三条でもなかったようだ。それは筆頭参議にして大蔵卿を務める大隈重信《おおくましげのぶ》である（人物紹介は後述）。

明治十四年の政変

明治十四年（一八八一）、その大隈が政府から排除される事件が起きる。

この出来事の背景には、まず立憲政治実現の方向性をめぐる政府内の意見対立があった。伊藤をはじめ多くの参議たちおよび三条・岩倉の両大臣が、時間をかけて憲法や国会をつくっていこうと考えていたのに対して、大隈は「一年以内の憲法制定、二年以内に選挙および国会設立」を主張したのである。

加えて、もう一つ問題があった。北海道の開拓を行なっていた開拓使が廃止されるにあたって、その事業が開拓長官の黒田清隆《くろだきよたか》主導で民間に払い下げられる予定だったが、民衆の「千四百万円もの巨額を注《つ》ぎ込んだ事業をわずか三十九万円で払い下げるとは何事か」という厳しい批判にさらされたのである。しかも払い下げ先が薩摩《さつま》出身の五代友厚《ごだいともあつ》だったこともあり、以前よりあった薩長閥への不満にも火をつけてしまった。

この時、大隈は払い下げに反対している。そして、他の参議たちはその反対の背景に陰謀を読み取ってしまった。大隈がこの事件を機に人気を獲得し、薩長閥を追い落とそうとしている、こういうわけだ。おそらく大隈自身にそのような意図はなかったが、陰謀論とはそのようなものである。

結果として、伊藤らは大隈を政府から追放するとともに、明治二十三年の国会設立を宣言する「国会開設の勅諭《ちょくゆ》」を出した。これが「明治十四年の政変」であり、伊藤は岩倉の支持のもと、いよいよ政府の主導権を握り、立憲政治の実現を目指していくことになる。

初代内閣総理大臣の登場

現在の日本政府首脳を構成しているのは、総理大臣を頂点に複数の大臣がつくる内閣である。この内閣制度が始まったのは明治十八年（一八八五）十二月二十二日のことだ。明治初期の日本を動かしていた太政官《だじょうかん》に代わる新たな政府機関であった（四十三頁の図版参照）。

内閣そのものは太政官の内部機関としてすでに存在していたが、あくまで参議たちが集まって政府の方針に意見を言う役目にすぎず、天皇を輔弼《ほひつ》（進言）する責任を持つ三大臣に比べると権限が軽かった。明治十四年までは省卿（各省の長官）と兼任でなかったこともあり、行政の現場ともつながっていなかったのである。このような制度下では三大臣の意見対立や各参議・各省庁の対立や独自行動なども見られ、ガバナンス《管理・統制力》の弱さは明らかであった。

そこで伊藤博文が西洋列強をモデルにつくり上げたのが、日本の内閣制度である。この制度においては、内閣のリーダーとなる総理大臣が、構成員の大臣に対して優位性を持ち、国家を強力にリードすることができた。大臣は各省の長官であり、それぞれも自分の役目において天皇を輔弼する責任を持つ。太政官制時代の問題を解決するための制度であることがよくわかる。

この時の政治体制を一般に「大宰相主義」と呼ぶ。強力なリーダーである伊藤博文のもと、ガバナンスのはっきりした政治制度が運営されたわけだ。

憲法制定へ

伊藤が明治二十一年（一八八八）に総理大臣の職を辞した理由は大きく分けて二つある。

一つは、政府にとって長年の悲願であった不平等条約の改正交渉が、民権派（国会開設、憲法制定等を求めて活動する人々）だけでなく政府内部からも激しい反発を受けて難航・頓挫《とんざ》し、状況をコントロールできなくなったことだ。

幕末、江戸幕府は西洋列強諸国と各種条約を結んだが、それは著《いちじる》しく不平等なものであり、これをより平等なものとするのは明治初期における最大の政治課題の一つであった。特に焦点になったのが、日本に関税自主権（関税を自由に決める権利）がなく話し合いで決める形になっていたことと、諸外国に領事裁判権（外国人が日本で罪を犯した場合、その国の領事が裁く権利）を認めていたことだ。

もう一つは、この頃になって憲法の草案が完成し、制定までのラストスパート期間に入っていたことがある。そもそも伊藤は以前から憲法制定を目指していた。明治十五年から明治十六年にかけて一年以上にわたり、自らヨーロッパで制度の調査を行ない、帰国後は草案を作らせるとともに制定のために必要な準備を進めていた。そして、総理大臣を辞めると、できたばかりの枢密院《すうみついん》（大日本帝国憲法草案審議のために設置された天皇の諮問《しもん》機関）の議長に就任し、明治天皇の親臨（天皇自らが出向くこと）を受けながら憲法草案の最終審議を主導。ついに明治二十二年の憲法発布にこぎ着けたのである。

この憲法はプロイセン（ドイツ）をはじめヨーロッパ諸国の憲法の影響を受けて作られたものであり、しばしば批判されがちな天皇を「神聖不可侵」と定義する条項も、「君主は責任を求められない」というヨーロッパ諸国の憲法の多くに見られたものだ。憲法において天皇は国家元首であり、すべての統治権を持つ存在と定義される一方で、その統治権は「憲法の条文に基づいて行なう」ものであると天皇の有する力を制限もしていた。伊藤はこの統治権と制限の条文について、憲法で最も重要な部分であると口にしていたという。

酒癖の悪い二代目総理

第二代総理大臣の黒田清隆《くろだきよたか》は薩摩藩の出身である。西郷《さいごう》・大久保と同じ鹿児島城下の中でも下級の武士であり、その家禄はわずかに四石（一石は約五万円）であったというから、二人と比べてもなお身分が低く、暮らしはずいぶん苦しかったに相違ない。

幕末の動乱期には江川太郎左衛門《えがわたろうざえもん》の下で砲術を学ぶかたわら、西郷・大久保とも深く結びついて薩長同盟の締結に活躍した。戊辰《ぼしん》戦争では官軍の参謀を務め、東北各地を転戦。ついには蝦夷《えぞ》の箱館《はこだて》まで攻め込み、旧幕臣の榎本武揚《えのもとたけあき》の蝦夷共和国と戦って、これを降伏させるに至った。

明治初期には樺太《からふと》（サハリン）・北海道などロシアの南進を警戒しなければいけない北方方面に深くかかわった。樺太の現地を見たうえで、「樺太よりも北海道開拓を優先するべき」と主張し、長きにわたって北海道開拓の最高責任者であり続けた。また、西南戦争でも活躍している。

しかし、政治家・官僚として独断専行や藩閥への利益誘導を好んだ向きがあり、先述した北海道開拓使官有物払い下げの一件も、黒田のそのような性質に起因する部分が少なくなかったようだ。酒癖の悪さもしばしば指摘され、明治十一年（一八七八）には「酔ったあげく自らの妻を斬り殺した」という不名誉な噂まで立てられるに至った。

それでも西郷・大久保亡き後の薩摩閥の有力者としては揺るぎない立場にあり、最初の総理大臣になる可能性も十分にあったとされる。ただし、すでにあげたような性格・気質的な諸問題があり、また伊藤と比べると明治天皇の覚えがめでたくなかったことも足を引っ張ったようで、初代総理大臣の席は伊藤に譲ることになった。

その後、伊藤に続いて二代目の総理大臣に就任し、憲法発布も自身が総理大臣在職時に行なうことになった。この翌日の演説において、「政府は政党とは関係なく超然として政策を実行する」と訴え、これが一般に「超然主義」と呼ばれるようになる。しかし、現実には軍事費や税金について政党を無視して変更はできないよう憲法に定められていたため、超然主義を貫くのが不可能であることが次第に明らかになっていく。

黒田は明治二十三年から始まる議会に向けて大隈重信や民権派の後藤《ごとう》象《しょう》二郎《じろう》らを内閣に引き入れ、幅広い層に支持される政権をつくり上げようとした。この思惑《おもわく》自体は成功する。

しかし、大隈重信外務大臣の条約改正推進を支持したところ、激しい反発を受けてしまった。この時、内閣内部からも反対の意見が噴《ふ》き出し、ついには伊藤博文まで枢密院議長の辞表を出すに至る（その背景には「黒田が辞《や》める決断までしている」という誇張された情報があったらしいのだが）。黒田は伊藤の辞表を握りつぶして揺るがない決意を見せたが、大隈が活動家による爆弾テロで負傷し、条約改正は失敗する。この事件もあり、明治二十二年に総辞職へ追い込まれた。

なお、黒田は総理大臣を辞めた後、酒に酔ったあげく条約問題を巡って対立していた井上《いのうえ》馨《かおる》の留守宅に押しかけて、「国賊を殺しに来た」と叫ぶ事件を起こしている。以後、黒田は元老の一員として遇され、大臣を務めるなどしたが、政治の主導権を得ることはなかったようだ。

陸軍の大物

三代目の総理大臣を務めた山縣有朋は、長州藩下級武士の出身だ。元は小輔《こすけ》（小助）と名乗っていた。

藩命で送り込まれた京都において尊皇攘夷派や松下村塾生に近づき、また自らも松下村塾で学んでいる。ただ、山縣が入塾した翌月には松陰は謹慎に追い込まれており、そこから投獄、さらには翌年、江戸へ送られて刑死しているため、彼がじかに松蔭から学んだ時期はごく短い。

その後、長州藩による外国船への攻撃に加わり（この頃、狂介と名乗る）、高杉晋作がつくった奇兵隊に参加。第一次長州征伐の後、長州藩は保守派が主導していたが、山縣は奇兵隊の実質的なリーダーとして武力を用いてこれを打倒し、藩論を討幕へ傾けるのに大きな役目を果たした。続く第二次長州征伐、戊辰戦争（鳥羽《とば》・伏見《ふしみ》の戦いには参加せず）でも活躍している。

明治時代に入って間もなくヨーロッパへ留学して各地を回り、帰国後には兵部省《ひょうぶしょう》に入って軍政改革に邁進《まいしん》した。また、廃藩置県のためには西郷隆盛の力が必要だと考え、鹿児島へ戻っていた彼を説得する一行にも参加している。その西郷、あるいは友人だった前原一誠《まえばらいっせい》（元長州藩士）が不平士族の反乱に加わった際には難しい立場に追い込まれるも、西南戦争には主戦力として活躍した陸軍の参軍（現場指揮官）として、反乱軍の鎮圧に尽力した。

陸軍では参謀本部長にまで上りつめ、明治十四年の政変後に伊藤博文の後任として参事院議長となり、政治・行政の世界へ進出した。なお、参事院は政府の法令や規則の起草・審査機関で、内閣法制局の前身である。その後、内務卿《ないむきょう》（内務大臣）になって民権運動の抑え込みや地方制度の制定に勤《いそ》しみ、特に後者の調査で再びヨーロッパへ渡っている。黒田内閣総辞職を受けて総理の席に座ったのは、視察から帰国した年のことであった。

大宰相主義から小宰相主義へ

山縣はすぐさま総理になったわけではなかった。実はこの時すでに黒田内閣の置き土産としてアメリカ・ドイツ・ロシアの三カ国とはすでに改正された条約が調印されていたが、その後、改正交渉が紛糾《ふんきゅう》したため、自ら矢面《やおもて》に立つのを嫌ったのである。

ここで明治天皇の裁定によって引っ張り出されたのが、序章で紹介した五人のうち最後の生き残りである内大臣の三条実美《さんじょうさねとみ》である。彼は「内大臣兼総理大臣」として条約問題を取りまとめ、最後に従来の「内閣職権」に変わって「内閣官制」を制定して、その地位を山縣に譲った。総理が各大臣に対して強い力を発揮した「内閣職権」に対して、新たな「内閣官制」では総理大臣は「首席」ではあっても、その役目は内閣を調整すること、天皇との連絡役を務めることと定義されている。これによって「大宰相主義」が崩壊し、総理大臣は内閣の首班＝リーダーではあるものの、独裁的権力者ではなくなったのである。以後を大宰相主義と対比して「小宰相主義」と呼ぶ。

どうしてこのような変更が行なわれたのか。まず、これまでは伊藤のリーダーシップなしに、つまり独裁的な大宰相主義を運用しなければ、憲法制定など最重要課題はなしえなかった点があげられる。しかし、「各大臣に単独で輔弼責任がある」としながら「内閣において総理大臣の権限が非常に大きい」と矛盾《むじゅん》していることもあり、結局のところ、藩閥を背景にした政治的な対立がある中、総理大臣に権力が集中すれば、各派閥は総理の席を得ようと、さらに激しい対立に発展するのではと危ぶまれたことも方針変更の理由にあったようだ。

山縣有朋（『近世名士写真』国立国会図書館蔵）

さて、第一次山縣内閣のトピックは、なんと言っても最初の衆議院選挙、そして第一回帝国議会の開催であろう。この時の選挙権には「満年齢二十五歳以上の男子」、かつ「一定以上の税金を納めている」といった条件があり、とても普通選挙とは言えなかった。それでも、選挙は行なわれ、議員が選ばれて国会が開かれたわけだ。

国会冒頭、山縣は施政方針演説において、国家の独立と国勢の盛り上がりのために軍事力によって「主権線」「利益線」を確保しなければならないと訴えている。当時の世界情勢がどのように認識されていたかを教えてくれるとともに、山縣が軍をバックボーンにした政治家であることがよくわかると言っていいだろう。

最初の国会では民党（帝国議会開設時、政府に反対した政党の総称）が激しく政府の政策を批判した一方で、山縣ら政府側からも民党側からも大きな妥協《だきょう》があって予算案が通過した。背景には、「アジアで最初の国会は解散することなく終わらせなければ、諸外国からの目が怖い」という危機感を政府も民党も共有していたことがあったとされる。

国会を終えた後に山縣は自ら辞表を出し、第一次山縣内閣は幕を閉じた。

新政府きっての財政のプロ

山縣が総理大臣を辞めるにあたって、当人および元勲《げんくん》（幕末の動乱・明治維新で活躍した功績者）会議は、伊藤を総理の筆頭候補者としていた。しかし、伊藤がこれを受け入れない。この次は誰がなっても短命政権であるし、敵の多い自分が首相になれば反対派によるテロが起きる可能性があり、テロの手にかかって死ぬことになれば、天皇を守って憲政を完成させる人がいなくなる、というのが伊藤の主張であった。

他の候補者としては、西郷従道《さいごうつぐみち》や山田顕義《やまだあきよし》（元長州藩士。最後の松下村塾生）もいたが、彼らも断わったので、財政方面で活躍していた松方正義《まつかたまさよし》にお鉢《はち》が回ってくる。伊藤と同じように考えたのか、この内閣には元勲たちトップクラスが参加せず、二流の意味から「緞帳《どんちょう》内閣」、あるいは元勲に操られている「黒幕内閣」と呼ばれた。余談だが、緞帳は粗末な幕であり、正式な引幕《ひきまく》の使用を許されない小芝居に使われていたため、二流のことを緞帳と呼んで蔑《さげす》んだ。

松方は西郷や大久保、黒田と同じ薩摩藩の出身。生まれは鹿児島城下。ただし、ここまで見てきた薩摩出身者とやや違うのは、彼には尊皇攘夷派としての経歴が少ないのである。身分が低いうえ、幼い頃に両親を失って苦しい暮らしをしていたものの、長じて才覚を示したことから島津久光の側近になったという人物である。

明治新政府ができてからは大久保の引き立てもあって財政畑で活躍し、その大久保が亡くなった後は彼の志を引き継いで殖産興業に邁進《まいしん》した。

松方の業績としてよく知られているのが、明治初期のインフレ（物価上昇）対策である。背景には、近代化政策の推進や西南戦争のために必要とした莫大《ばくだい》な経費を、政府が不換紙幣（金や銀と引き換える義務がない紙幣）の大量発行で賄《まかな》ったことがある。紙幣（金）が増えると物価の上昇を招くインフレとなる。松方は増えすぎた紙幣の回収に増税し、政府の支出を減らすことで対応した。その後、インフレは収まったが、物価は急落した（松方デフレ）。とりわけ、米や生糸《きいと》の値段が下がって農家の家計を圧迫した。農民たちは生活ができなくなり、土地を売って都市へ入り込み、賃金労働者となる一方、土地を買った地主たちは、さらに土地を買い集め、大地主へと成長した。この明治中期（一八八〇年代）の不況は、封建社会が崩壊し、資本主義社会になる状況（資本の原始的蓄積）をもたらしたといわれる。他にも松方は日本銀行の設立や兌換《だかん》紙幣（金や銀との引き換えを約束した紙幣）の発行などを進め、一連の政策は「松方財政」として高く評価された。

松方は明治十八年（一八八五）の伊藤内閣時代から大蔵大臣を務め、黒田・山縣内閣でも留任しただけでなく、初の総理就任時にもそのまま兼任したため、六年あまりにもわたって、その椅子《いす》に座り続けた。

松方の第一次内閣の時に開かれた第二回帝国議会では、第一議会の時にあった民党からの譲歩・妥協《だきょう》がなく、国会で激しい対立が巻き起こった末に衆議院解散、総選挙が行なわれることになった。この選挙において政府側は民党側の候補を妨害（選挙干渉）したものの、結果は民党の勝利、吏党（政府側政党）の敗北となった。

当然、翌年の第三議会では選挙干渉の件で松方内閣を責める声が高まり、内閣の崩壊へつながった。

またこの時、選挙干渉に反発した伊藤が自ら政党をつくろうと画策したものの、松方ら政府・元老、そして天皇までもが反対したために頓挫《とんざ》している。

再び総理の座へ

松方に続いて登板したのは伊藤博文だ。彼は山縣・松方時代から貴族院議長、あるいは枢密院議長として議会対策などについて影響力を発していたが、松方内閣の崩壊を受けていよいよ二度目の出番となったわけだ。

元勲が松方以外参加せず軽量級政府であった第一次松方内閣に対して、第二次伊藤内閣は一転して元勲八人を揃《そろ》えた重量級となった。その中には伊藤のライバルであった黒田・山縣もいて、ここでも伊藤は彼らに一歩先んじた存在になった。

もちろん、何もかも順調に進んだわけではない。総理大臣就任の年から翌年にかけての第四議会が始まる直前、伊藤は交通事故に遭遇して重傷を負っている。そこで井上馨《いのうえかおる》内務大臣が総理大臣代理を務め、黒田・山縣と共同で議会に立ち向かう椿事《ちんじ》も起きていた。

念願の条約改正と日清戦争

第二次伊藤内閣では二つの大きな出来事があった。一つは条約改正の達成であり、もう一つは日清《にっしん》戦争である。

条約改正をめぐってはたびたび試行錯誤がなされてきた。いわゆる欧化政策でヨーロッパの文化を取り入れていったのも、西洋列強諸国に並ぶ文明国であることをアピールし、条約改正につなげようという思惑だった。しかし、なかなかうまくいかず、むしろ議会が紛糾《ふんきゅう》したり、政争の具になったりしてきたのは、ここまで見た通りである。

第二次伊藤内閣では、外務大臣の陸奥宗光《むつむねみつ》のもとで条約改正交渉が大いに進捗《しんちょく》した。明治二十六年（一八九三）の第五議会および翌年の第六議会では、対外強硬姿勢の政党から内閣が激しく責められ、どちらも衆議院解散になったものの、伊藤らはよくこれを押さえ、ついに明治二十七年七月の日英通商航海条約にこぎ着けたのだった。まだ関税自主権が完全ではないなど問題も残っていたが、幕末以来の念願がかなったのである。

日清戦争のきっかけは朝鮮問題であった。そもそも島国である日本にとって、朝鮮は大陸への入り口であり、進出するにしても攻め込まれるにしても経由地になることから火薬庫となる可能性が高い場所だった。特に近代においては、「ロシアが朝鮮を支配すれば、日本の独立も窮地に立たされるのでは」といった危機感が、ここまで紹介した総理大臣たちの脳内に現実のものとしてあったはずである。よって、日本はどうにかして朝鮮を影響下に置こうとしたが、それは「朝鮮は我が国の属国である」と考える清との対決を意味した。

明治二十七年五月、朝鮮で甲午《こうご》農民戦争と呼ばれる大規模な農民反乱が巻き起こると、清と日本がそれぞれ兵を送って反乱を鎮圧する。このことを機に日本は両国による朝鮮改革を清に提案したが断わられたため、両国は戦争状態に入った（背景には日英通商航海条約でのイギリスの好意的態度があったとされる）。日清戦争の始まりである。

戦況は終始日本側が有利であった。旧態依然とした体制が残り、国内での対立もあった清に対して、日本は幕末からこの明治中期に至るまでの数十年で改革が進んでおり、国力・軍事力も十分に蓄えられていた。国会でも政府と諸政党の対立が激しく続いていたにもかかわらず、戦時中は挙国一致体制が取られた。外国の脅威はそれほど深刻なものとして受け入れられていたわけだ。

結局、日清戦争は翌年四月に伊藤・陸奥が全権となって講和条約（下関条約）を調印し、終結した。結果として、朝鮮は独立し、日本へ賠償金が支払われたものの、北東部の遼東《りょうとう》半島の割譲についてはロシア・ドイツ・フランスの反対（三国干渉）によってかなわなかった。

戦中は挙国一致体制の議会だったが、戦争が終われば、またそれぞれの本心が出てくる。

そんな中、伊藤は民党の中でも大きな勢力を持つ自由党・板垣および立憲改進党・大隈を内閣に取り込もうと画策した。そもそも伊藤は自ら政党をつくろうとした経緯もあり、以前から民党と接近して政権を安定化させようとしていたこともあって、取り立てて突発的な動きではなかったのだろう。一方、民党の中でも現実的視点から政府と協力していこうと考える人々も現われ、特に自由党は第二次伊藤内閣が始まった頃から政府へ接近していた。

結果として、板垣が第二次伊藤内閣に参加し、自由党が与党化する。かたや、大隈と立憲改新党は反発し、また元勲の中でも山縣は従来の超然主義にこだわったので伊藤と対立していく。そんな中、伊藤は戦後の混乱がおおよそ収まったと見て、総理大臣の席を降りる。明治二十九年（一八九六）八月のことだ。

二度目も政権運営に失敗

その年の九月に発足したのは第二次松方内閣である。前回と同じく、松方は総理大臣と大蔵大臣を兼任している。この内閣の成果としては、金本位制（貨幣の価値を金で裏付けする制度）の導入などが知られている。

自由党と手を組んだ第二次伊藤内閣に対し、第二次松方内閣は進歩党（立憲改進党から改名）と手を組んだ。大隈が外務大臣として参加したため、この内閣を「松隈《しょうわい》内閣」と呼ぶ。

しかし、明治三十年（一八九七）の終わり頃になると、進歩党との対立が表面化し、ついに大隈は大臣を辞任する。松方は自由党との連携を模索したが、うまくいかない。そうこうしているうちに列強諸国による清の分割が始まって日本にも脅威が迫ることになり、外交的にも松方は追い詰められていく。

情勢が悪くなると内部にも不穏《ふおん》な動きが出るものだ。松方が欠席した内閣会議で、高嶋鞆之助《たかしまとものすけ》陸軍大臣が「西郷海軍大臣に総理の職を譲りたいと松方が口にしている」、そう主張したのである。樺山資紀《かばやますけのり》内務大臣は同調したが、他の面々は反対した。この発言は松方の本意ではなく、政治的な陰謀だったようで、すぐに松方が否定して謀事は頓挫している。その後、議会に内閣不信任案が提出される直前に松方が辞職し、内閣は倒れた。実は、「高嶋・樺山を辞めさせ、自分も辞めるように」という天皇から松方への働きかけがあったとされる。

伊藤、三度目の総理就任

松方の次を誰にするか。明治天皇は人選を黒田に命じた。黒田の答えは「伊藤か山縣」であった。

当時の政府はいわゆる藩閥政府であり、出身藩ごとに派閥をつくって大いに権力を独占していた。「薩長土肥」というが、四藩の中でも薩摩・長州の両派閥が群を抜いて力を持っているのが実情だったようだ。しかし、薩摩閥の松方内閣は二度にわたって失敗しており、長州閥では伊藤と山縣が両巨頭となっている。黒田が「伊藤か山縣」と答えたのは、当然であったろう。

さて、第三次内閣をつくることになった伊藤は、今度も自由党・板垣および立憲改進党・大隈に手を差し伸べた。以前は先に板垣へ声をかけ、大隈に断られた経緯があったので、今度は両方へ一緒に声をかける気のつかいようだったが、結局、どちらにも振られてしまう。結果として、両党は政府と対立する姿勢を示し、政府が日清戦争の後始末のための増税案を出してきても否決される始末だった。

このような状況において、伊藤は再び自ら政党をつくろうと画策する。この話を聞いた有力者のうち、井上は「下野（政府を離れること）して政党をつくるべき」。黒田は「賛成、杖《つえ》をついてでも演説に出る」。山縣は「下野するか、別の人物が党首なら」と三者三様の反応であった。伊藤が総理大臣として党首を務めることに反対なのは超然主義に反するからであり、それでも伊藤による新党計画を止めはしないのは議会対策が厳しく、政府の危機であるという認識が三人にあったからだろう。

この計画はそれなりに進んだようだが、結局うまくいかず、そうこうしているうちに自由党と立憲改進党が合流して憲政党という大政党が誕生するに至った。追い詰められた伊藤は会議で「憲政党に政権を譲る」と主張。どうも本心は自らが総理大臣のまま、新政党を設立し党首

明治・大正・昭和（戦前）の政党の系譜

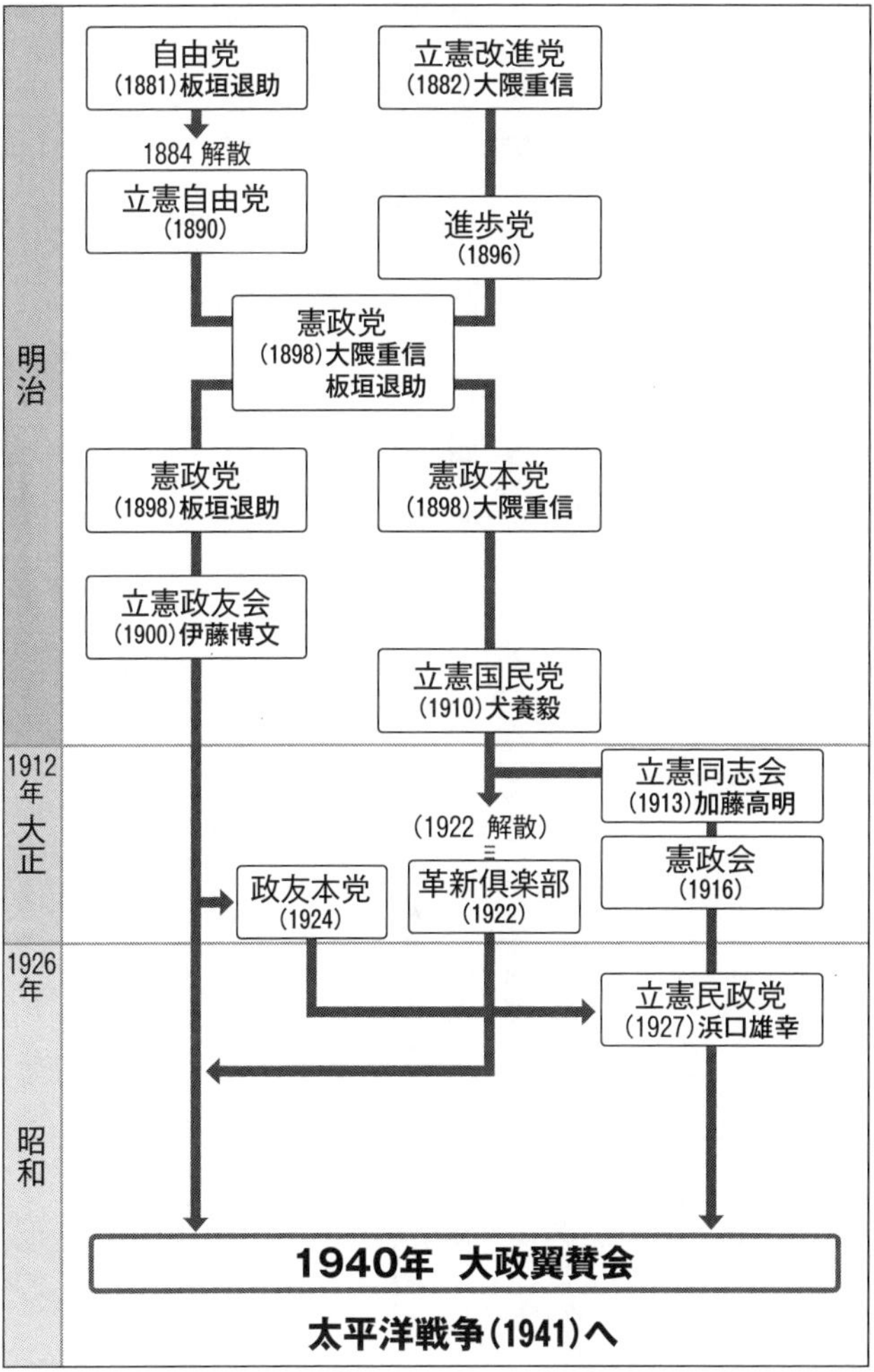

『早わかり日本史』(日本実業出版社)などを参照

になる思惑があったようだが、山縣はこれを受け入れずに決裂する。

ことここに至って、明治天皇が介入した。天皇は板垣・大隈との大連合を提案したが、伊藤は板垣・大隈への政権移譲と受け取ってしまう。この食い違いに気づいた天皇は山縣を総理として立てようとするが、すでに情報が漏《も》れていたため、山縣は混乱を恐れて受け入れない。ついに伊藤は板垣・大隈へ政権を譲るに至った。

日本初の政党内閣誕生

以上のような経緯により、総理大臣は大隈で、内務大臣を板垣が務める、日本初の政党内閣が誕生した。いわゆる「隈板《わいはん》内閣」である。

しかし、現在のように「議会で多数派を占めている政党だから総理大臣を輩出《はいしゅつ》した」わけではない。このことには注目すべきだろう。伊藤自身が、板垣・大隈に「天皇は多数派政党だから任命するわけではない」と話したという。

さて、本書のスタイルに従うなら、ここでは大隈重信のプロフィールを紹介するべきだが、この時に明治天皇から大命を受けたのは大隈・板垣両名であること（この時点で憲政党はできたばかりで、どちらがトップであると決まっていなかった）、この政権が「隈板内閣」と呼ばれることから、板垣も総理大臣並みの重要人物、本書で呼ぶところの「ナンバー2」に該当《がいとう》すると考え、二人ともに紹介することにしたい。

大隈重信は佐賀藩の生まれである。大隈の家は砲術・築城家の家系であり、また知行地四百石、物成《ものなり》（年貢）百二十石と上士に相当した。幕末に活躍した志士はどちらかといえば、下級武士の出身者が多い。下級武士以外の出身で総理大臣にまでなった人物といえば大隈くらいで、珍しい存在であった。

若き日、大隈は佐賀藩の藩校・弘道館で学んだが、儒学《じゅがく》（朱子学《しゅしがく》）を重視する方針に反発して追い出されてしまう。しかし、移った先の蘭学寮がのちに弘道館と合併したので、追い出された学校の教師として戻ることになった。

幕末の動乱期には尊皇攘夷過激派として活躍し、第一次長州征伐の際は藩主に働きかけて参戦を中止させようとしたこともあった。明治新政府が成立してからは、イギリスとの外交や鉄道・電信の建設、財政問題などで活躍。参議・大蔵卿として大久保が暗殺されたのちの政府で筆頭参議にまでなった。しかしながら、明治十四年の政変で追放されてしまったのは、先に述べた通りである。

下野後に立憲改進党をつくり、伊藤内閣・黒田内閣では外務大臣を務めたが、条約改正交渉に際して爆弾テロに遭《あ》い、負傷・辞職。天皇の諮問機関である枢密院で顧問官（天皇の諮問に応じて意見を述べた官職。元勲などが任命された）を務めていた時期もあったが、自由党・板垣との提携を理由に辞任させられている。立憲改進党を中心に小規模政党を糾合《きゅうごう》して進歩党をつくり、松方内閣に参加したが、決裂した。

自由民権運動のさきがけ

一方、板垣退助は土佐《とさ》藩の生まれだ。彼が生まれた乾《いぬい》家も家禄三百石であり、上士に分類される。藩内で順調に出世し、藩政を主導する藩主の父・山内容堂《やまうちようどう》の側用人になっており、エリートといっていいだろう。板垣は上士の中で名の知れた人物でありながら、下士たちともつながりがあり、また山内容堂以下、公武合体や大政奉還による公議政体を目指す意見が多数派だった当時の藩内において、尊皇攘夷・討幕を主張する過激派でもあった。

そのため、土佐出身の志士や薩摩・長州の討幕派と連絡を取るようになり、ついには薩摩の西郷と討幕の密約を結ぶに至る。戊辰戦争にも土佐兵を率いて参加し、会津《あいづ》攻略で活躍するなど東北各地を転戦した。また、苗字を「板垣」と改めたのはこの頃のことだ。

当初、新政府には参加せず土佐に戻って藩政に奔走したが、廃藩置県実現のために上京すると、新政府に参加、参議となった。岩倉使節団の派遣時には日本に残って留守政府の主要メンバーとなり、征韓論に賛成。戻ってきた岩倉・大久保・木戸らと対立し、西郷とともに下野した。

大隈重信(『近世名士写真』国立国会図書館蔵)

以後、板垣は（一時的に参議に復帰したこともあるが）自由民権運動に邁進していく。その背景として、板垣本人は「会津落城のありさまから四民平等が必要だと感じた」と語っているが、「武士の精神を一般にまで浸透させる必要を感じたのでは」とも指摘されている。板垣は自由民権運動の高まりを受けて各地で演説を行ない、国会開設の詔《みことのり》が発せられると自由党を結成、そのトップに座った。襲撃されて負傷し、「板垣死すとも自由は死せず」の有名な台詞《せりふ》を言ったとされるのは、この遊説《ゆうぜい》途中の岐阜であったという。

自由党は一部メンバーの行動が過激になりすぎて解散したが、議会の開設を前に立憲自由党が結成されたため、板垣も参加。一時、脱党していたこともあるが、自由党と名を変えた時に推薦され、トップになる。

「板隈内閣」の崩壊

大隈・板垣二人が主導する第一次大隈内閣は六月三十日に成立し、十月三十一日に総辞職した。わずか四カ月の短命政権であった。それはなぜか。

そもそも日本で初めて登場した政党政権であること自体が攻撃のターゲットになった点が一つ。貴族院および政党員ではない閣僚の陸・海軍大臣が反発したのである（両大臣はむしろ調整役に回ったとも）。

さらに政党内部にも対立があった。藩閥政府を敵として結びついていただけにすぎない旧自由党・旧進歩党同士の対立はもちろん、ドラスティックな改革を望む一般党員と政権を持続させたい政権首脳間の対立まであった。

これらの問題が噴出するきっかけになったのが、尾崎行雄《おざきゆきお》文部大臣のいわゆる「共和演説」だ。演説自体は「日本がもし共和政治の国であったなら大統領候補は金持ちの人物になる」といった意味合いの、拝金主義を皮肉る内容であった。これが「共和政治を意識している」と攻撃のターゲットになった。現代を生きる私たちにはなかなか理解しにくい論点だが、天皇が国家元首として明確に存在するこの時代には、十分問題発言だったのである。

もともと天皇は尾崎を評価していなかったようで、板垣が「尾崎弾劾《だんがい》」の上奏を行なうと、大隈に「尾崎を信任できない」と伝えている。こうして尾崎は辞任したが、後任を旧自由党・旧進歩党のどちらから出すかで揉《も》め、そこに先述したいくつもの問題も重なって、ついに旧自由党が新憲政党の成立を宣言して分裂。第一次大隈内閣は総辞職に至ったのである。

しかし、この内閣の時に起きた変化は小さくない。これを機に政党内閣が、いよいよ現実のものとして意識されるようになったこと。政府系の政党実現についてもハードルがグッと下がったこと。また、伊藤が政権を半ば投げ出すように大隈・板垣へ渡したせいで官僚から強く反発され、彼らが山縣へつき、長州閥が伊藤派・山縣派に分裂したこと。これらはのちの政治へ大きな影響を与えることになる。

なお、内閣の崩壊を受けて、板垣は政界を離れてしまった。以後は社会活動に目を向け、機関誌・雑誌の刊行などを行なった。維新志士上がりの政府首脳たちが、しばしば贅沢《ぜいたく》な暮らしぶりで批判されたのに対し、板垣はどちらかと言えば、真っすぐな性格で名誉・利益に頓着《とんちゃく》しない人物であったといわれたが、まさにその通りの晩年を送ったわけだ。

また、板垣については叙勲にまつわる話もよく知られている。本書でここまで紹介してきた多くの人に爵位《しゃくい》が与えられたが、板垣は当初これを受け入れなかった。しかし、天皇の命ということでのちに受け入れ、その代わりに「一代限りにしたい」と訴えた。この遺命を受けて、板垣の死後、息子は爵位を受け継いでいない。

二度目の総理のちキングメーカーへ

後任については、第一次大隈内閣末期から元勲たちに具体的提案をして事態を収拾しようとしていた天皇から、政党と藩閥が共同しての政権が提案されていたようだ。当時、伊藤博文は清を視察中で不在だったが、伊藤が大隈を支持するため、紛糾する懸念が元勲側にあり、結局、元勲らが支持していた山縣で決まった。

第二次山縣内閣にとって最大の課題は、第二次松方・第三次伊藤内閣が行き詰まる大きな原因となった増税（地租増徴）問題だった。これを解決しなければ日清戦争の後始末はできないが、議会はどうしても反発してくる。問題を解決するため、山縣は旧自由党系の憲政党と手を組むことを選んだ。もともと超然主義を標榜《ひょうぼう》していた山縣ではあるが、ここまで来ると議会を無視するわけにはいかなくなったのである。

増税については憲政党と妥協《だきょう》し、税率を下げかつ五年間の期限付きにすることで実現。他にも衆議院議員選挙法を改正して条件を緩和（選挙権を直接国税15円から10円納めた男性に変更など）したり、朝鮮の京城《ソウル》と釜山《プサン》を結ぶ京釜《けいふ》鉄道敷設したり、多くの業績を残した。

しかし、山縣は政党が政権への影響力を強めることを警戒しており、政党員の官職取得に制限を加えたため、憲政党側に不満が溜《た》まっていく。明治三十三年（一九〇〇）の第十四議会終了後には憲政党から「入閣したい」という要請があったところ、山縣はこれを拒否。これを機に総理大臣の席を次へ譲ろうとした。候補者に上がったのが、のちに総理大臣となる桂《かつら》太郎《たろう》である。

ただ、山縣はすぐには辞職できなかった。この年の夏、中国で義和団《ぎわだん》事件（北清事変）が起きたからだ。列強諸国による清の分割が進み、またその過程でキリスト教の布教が広まり、列強や反キリスト勢力に不満をもつ人々が（天災も背景に）秘密結社「義和団」を結成し、首都・北京《ペキン》の外国公使館が集まっている区域を攻撃。日本人にも犠牲者が出た。これに対して日本を含む八カ国が連合軍を結成し、公使館区域を救出するに至ったのである。

この問題に対応するため、山縣はしばらく総理の椅子に座らざるを得なかった。総理を辞職したのは、事件が一段落し、さらに伊藤が立憲政友会を結成した直後、九月のことである。山縣は以降自ら総理大臣の席に座ることはなかったが、むしろ山縣派（閥）の勢力は確固たるものとなっていく。それはライバルである伊藤派の衰退と対照的だが、くわしくは続く第四次伊藤内閣の項で紹介することとしたい。

内部分裂で四度目は終わる

第四次伊藤内閣は、伊藤による立憲政友会の結成とセットになっている内閣と言っていいだろう。

これまで二度にわたって政党結成に挑戦して失敗を繰《く》り返してきた伊藤だが、今回は山縣・明治天皇を説得して政党結成の了解を取り付け、また憲政党を取り込んで新しい政党をつくることに成功した。

そして、閣僚を立憲政友会党員で多くを占め（といっても、もともとの政党員は少なかったが）、第四次伊藤内閣は成立したのである。ただ、伊藤自身は山縣から後任へ推《お》されて、あまり喜ばなかったようだ。立憲政友会がまだできたばかりの政党だからであり、その不安は的中することなる。

第四次伊藤内閣は議会で過半数を占めていた立憲政友会を母体としており、安定した政権運営ができるかと見えたが、残念ながらそうはならなかった。貴族院で山縣派からの政権攻撃があり、さらに新参である立憲政友会そのものの不安定さが露呈した。

立憲政友会という政党内において、伊藤に従うメンバーは合流組の憲政党出身者よりも少なく、その不利を補うために総裁である伊藤の支配力を高めたものの、結局のところ軋轢《あつれき》が生まれてしまったのである。

結果、第四次伊藤内閣はわずか七カ月足らずで総辞職へ追い込まれることとなった。

生粋の山縣派総理

第四次伊藤内閣の後釜《あとがま》については、伊藤の留任案に始まって西郷、井上といろいろな候補者の名前が上がった末、最終的に桂太郎内閣が立った。なおこの時、のちに桂と並んで「桂園時代」をつくる西園寺公望《さいおんじきんもち》の名前も出ているが、西園寺は今すぐ総理になっても自分のやりたいように内閣をつくることはできないと考えたようで断わっている。

桂太郎は長州藩の出身である。初めは寿熊《ながくま》、のちに太郎と名乗った。肉体的特徴として頭が大きかったとされる。

木戸や山縣といった幕末の動乱期に活躍した長州出身の先輩と比べて、桂は弘化《こうか》四年（一八四七）の生まれだから、ずっと年少である。しかし、わずか十四歳で藩の洋式銃陣（西洋式軍隊）に入隊したため、戊辰戦争にも参加している。

明治時代に入ってからはドイツ留学での軍事学習得を経て陸軍に入る。その後もドイツ公使館付武官になったり、ヨーロッパ視察に随行したりといった経験を経て、ドイツを中心に欧州諸国の軍政を学んだ。この間、陸軍にプロシア式（ドイツ式）を軸にした軍政改革を施している。

日清戦争に出征し活躍するなど、陸軍において出世していく一方、この戦争で日本が獲得した台湾の総督を務めていた時期もある。ただ、藩閥の中での出世という点では、ドイツにいた時期が長いせいもあって遅れがちだったようだ。その中で先行する同輩たちがトラブルを起こして脱落し、桂に出番が回ってきた。

やがて第三次伊藤内閣の時に陸軍大臣になると、そこから三年にわたって四代の総理大臣のもとで、陸軍大臣の椅子に座り続けた。先述した第一次大隈内閣の時の陸軍大臣がまさに桂のことであり、この時に自由党系の政党員の窓口になった桂は人脈を形成し、政党利用についての発想を得て、のちの政権運営に利するところが大きかったようだ。

派閥関係においては（少なくともこの時点では）生粋《きっすい》の山縣派であり、ここに至るまでの活躍・出世も山縣の庇護《ひご》・影響によるところが大きいと考えるべきだろう。

日露戦争の勝利は山縣閥のおかげ

第一次桂内閣における最大の出来事は、なんといっても明治三十七年（一九〇四）の日露戦争である。

そもそも明治時代に入って以来、日本政府が代々諸外国からの侵略に備えて（そこには自国にも植民地が欲しいという下心もあったかもしれないが）、なんらかの形で朝鮮を支配しようとしていたのは、すでに見てきた通りだ。

日清戦争もこのために起きたわけだが、日本は清に勝利したにもかかわらず目的を完全に達成することはできなかった。ロシアが朝鮮に対して大きな影響力を獲得し、さらに日本が得たはずの遼東半島まで、ロシアが租借するに至ったからだ。かねて、冬になっても凍らない港を求めて南進政策を進めていたロシアは満州（中国東北部）・朝鮮へ手を伸ばしていた。先述の義和団事件に際しても日本と並んで最も多数の兵を送り込んだロシアはさらに満州の支配を進め、これは日本にとって大きな脅威となっていたのである。

この時、日本には二つの選択肢があった。一つはロシアと交渉し、朝鮮は日本の勢力下であると認めさせるという日露協商論である。そのためには満州がロシアの勢力下であると認める、いわゆる「満韓交換論」が主張された。これを唱えたのは伊藤および立憲政友会だった。

一方、桂と内閣は別の選択肢を進めていた。それはイギリスと手を結んでロシアに立ち向かうことだった。イギリス側も大英帝国とはいいながら以前のような圧倒的な勢力はなく、アジアにおける同盟相手を探していたのだ。また、ロシアとは前々から敵対関係にもあった。結果として明治三十五年、日英同盟が締結される。伊藤らによる日露協商論は立ち消えとなった。

日英同盟締結で即ロシアと戦争になったわけではない。むしろ、ロシアが満州からの撤兵を開始したため、このまま戦火をかわすことなく朝鮮（および満州）の支配を獲得できるかに見えた。ところが、ロシアの方針が変わって撤兵が止まり、また日露交渉においても朝鮮に対する日本の優越的な権利を認めない姿勢を示してきたため、交渉は決裂。明治三十七年二月八日から日露戦争が始まったのである。

日本とロシアの力関係を単純に見れば、ロシアが圧倒的に有利だ。しかし、ロシアは非常に広大な国土を持ち、東アジアにだけ力を注ぐわけにはいかない。また、国内での反対運動も激しかった。そのせいもあってか、戦い自体は日本軍の優勢に進み、陸軍は旅順要塞攻略・奉天《ほうてん》会戦（会戦は大規模な陸上戦）で勝利し、海軍は日本海海戦でロシアのバルチック艦隊を撃破する。

ただし、これらの勝利は日本の国力を絞《しぼ》り尽くして得たものであり、すでに人員や物資の補給がおぼつかない状態になっていた。桂内閣は早い時点でこのことを察していたためにアメリカ大統領のセオドア・ルーズベルトに仲介を打診しており、日本海海戦の勝利を受けて正式に依頼。ロシア側も民衆による反対運動で国内が大いに揺らいでいたことから、ポーツマス条約が成立。こうして日露戦争は終わった。

この戦争では山縣が参謀総長として戦争全体の指揮をとり、また講和についても影響力を発揮したとされる。そもそも桂内閣自体、そして陸軍も山縣閥が多くのポジションを占め、山縣が日露戦争の勝利について大きな役割を果たしたのは間違いない。

桂と西園寺の総理時代

明治三十八年（一九〇五）九月に日露戦争が終わり、日本は朝鮮（一八九七年より国号は大韓民国）への支配を強め、樺太《からふと》の南半分などを獲得した。同じ年に第二次日韓協約を結んで韓国の外交権のほとんどを獲得し、また統監府《とうかんふ》を設置している。統監府の初代トップは元老・伊藤博文だ。

日本は勝利したものの、ロシアから賠償金を獲得することはできなかった。すでに戦争をする余力などほとんど残っていなかったため、桂内閣による講和は当然と言えた。だが、戦争の実態を知らされないまま、増税・徴兵の負担させられていた庶民からすれば、とうてい納得のいく結果とは言えない。そのため、民衆の怒りが各地で爆発。条約調印の当日には、条約に反対する暴動「日比谷焼打事件《やきうちじけん》」が起き、官邸・新聞社・警察署などが被害に遭《あ》っている。

桂はこれらの庶民の不満に押される形で総理大臣を辞職、後継には伊藤派の西園寺公望を推薦したといわれるが、この禅譲の裏には密約があったとされる。日露戦争の最中、桂は立憲政友会の有力者で西園寺を補佐していた原敬《はらたかし》と会談を繰り返し、「日露戦争が終わったら西園寺に政権を譲る。その代わりに立憲政友会は政府に協力する」と約束を交《か》わしていた。この密約は派閥のトップである山縣さえも知らない桂の独断であったという。政治の主役が幕末の動乱・明治初期に活躍した元勲世代から、「第二流」と呼ばれる年下の新世代へ移った象徴的な出来事であると言ってよいだろう。

第一次桂内閣以降、十数年にわたって桂と西園寺が交代で総理大臣を担当する時代がやってくる。いわゆる「桂園《けいえん》時代」である。

とはいえ、伊藤や山縣のような元勲世代もまったく政治から姿を消したわけではない。彼らは「元老《げんろう》」として政治力を持ち続けた（くわしくはコラムで後述）。伊藤は西園寺、山縣は桂との関係が深かったし、他にも影響力を与えられる相手がいた。特に山縣閥の人間はこれまでにも触れてきた通り、軍人・官僚・枢密院や貴族院などに数多くいたのである（この頃には出身地も長州だけにとどまらなくなっており、一概に藩閥とは言い難い存在になっていたようだ）。

公家出身の総理大臣

西園寺公望はここまでに登場した総理大臣経験者たちとは、かなり毛色が違う人物で、公家の出身である。父は徳大寺公純《とくだいじきんいと》で、家格は清華家《せいがけ》。ここから西園寺家（清華家）の養子に入る。年若の頃には明治天皇の近習《きんじゅう》を務めていた。

明治新政府が始まると参与になり、戊辰戦争でも各地を転戦する。戦後は新潟府知事になった後、留学のためにフランスへ派遣された。私塾やソルボンヌ大学で学び、またのちにフランス首相になるジョルジュ・クレマンソーなどとも交流を得た。後年の自由主義者、穏健な国際協調主義者としての西園寺の土台は当時の経験にあったのだろう。

十年にわたるフランス留学から帰国後、『東洋自由新聞』を創刊するにあたって社長につくも、内密の勅命を受けて辞めることになる。その後は伊藤博文が憲法制定準備のためにつくった参事院の議官補になり、伊藤の腹心として活躍。伊藤のヨーロッパ視察にも同行している。さらにオーストリア駐在日本公使やドイツ駐在日本公使兼ベルギー公使などを歴任して西洋通になる一方、日本に戻ってからは勲章を与える賞勲局の総裁や法律を調べる民法商法施行取調委員長・法典調査会副総裁、また貴族院議員だったこともあり、院の副議長を経験している。

第二次伊藤内閣では文部大臣を務め、また陸奥宗光が病に倒れると、外務大臣の臨時代理および外務大臣を兼任で務めた。さらに立憲政友会にも創立時点から参加し、第四次伊藤内閣では枢密院議長を務めつつ総理大臣臨時代理・臨時兼任をこなすなど、伊藤の腹心として働き続け、伊藤が退いた後の立憲政友会総裁に就任している。

代理人内閣という表と暗闘の裏

第一次西園寺内閣は立憲政友会の内閣ではあったものの、先述の密約の関係もあって、第一次桂内閣および山形閥の影響が大きく、「自分たちは政党内閣である」と主張できなかった。「代理人内閣」、あるいは「委任状内閣」と呼ばれた由縁である。

そのため、第一次桂内閣の政策を多分に踏襲したが、そうでなくとも日露戦争直後に成立した内閣であるから戦後処理こそが最大の急務であり、自由にできる余地は少なかったとも言えるかもしれない。外に向かってはハーグ密使事件（日本の対韓政策に不満を持つ韓国がハーグ万国平和会議に密使を派遣するが、参加国から拒絶された）を機に、明治四十年（一九〇七）、韓国との間に第三次日韓協約を結んだ。これにより日本は韓国の内政権も得て、いよいよ韓国を属国化することに成功した。

国内に向かっては鉄道を国有化したが、これは第一次桂内閣時代からの方針である。他に重要な政策として、軍拡のための「帝国国防方針」があった。日露戦争に勝ったはいいが、山縣

西園寺公望（『近世名士写真』国立国会図書館蔵）

ら首脳陣はロシアによる逆襲を警戒しており、それもあって軍拡が必要だと判断された。

一方、立憲政友会と山縣閥の主導権争いも密《ひそ》かに始まっていた。山縣は強力な基盤を内務省に築いていたが、内務大臣となった原敬は山縣閥切り崩しの一環として、地方を支配する山形閥の拠点となった「郡」の廃止を画策する。廃止法案は衆議院を通ったものの、貴族院では否決された。

明治四十一年七月、西園寺は総理大臣を辞職する。きっかけは前年からの不景気・恐慌による財政難、日露戦争での戦争反対運動から盛り上がった社会主義運動の活発化があった。これを機に元老が倒閣の働きかけを行ない（前者を井上が、後者を山縣がそれぞれ危険視した）、西園寺が受け入れて退陣となったのである。裏には政党勢力が拡大するのを恐れた桂による企《くわだ》てがあったともいわれている。

桂の課題と野心

第二次桂内閣にとって喫緊の問題は、第一次西園寺内閣倒閣の原因であった財政問題だった。桂は自ら大蔵大臣を兼任してこの問題に立ち向かっている。

また、社会主義者・無政府主義者に対して徹底的な弾圧を加えた。特に象徴的な出来事として、明治四十三年（一九一〇）から翌年にかけての「大逆事件《たいぎゃく》」がある。これは社会主義者として活動していた幸徳秋水《こうとくしゅうすい》らが「天皇暗殺を企《たくら》んだ」という容疑によって大逆罪に問われ、多数が死刑に処された事件だ。暗殺計画の根拠は乏《とぼ》しかったにもかかわらず、何千人もの社会主義者・無政府主義者や、その関係者が検挙されて激しい取り調べを受けた。いわば、でっち上げられた陰謀であった。

もう一つ、第二次桂内閣では第三次日韓協約が結ばれて韓国の内政権を掌握した。これを受けて、義兵運動（反日本の民衆反乱）が盛り上がると軍事力によって鎮圧し、ついに「韓国併合」へ向かっていく。この時、統監府の前統監である元老の伊藤がどんな考えであったかはわからない。伊藤は韓国併合について賛成していたとされるが、その根拠は十分ではない（韓国併合反対派だったという説もある）。そして、その答えを知る機会は永久に失われてしまった。ロシアとの外交交渉のために満州・ハルビンの駅に降り立ったところ、韓国の運動家・安重根《あんじゅうこん》によって暗殺されてしまったからだ。明治四十二年十月のことである。

安はおそらく韓国併合を止めたかったのだろうが、彼の望みはかなわなかった。むしろ、伊藤の無残な死は併合強硬派の追い風となり、翌年、韓国は併合された。

桂はたびたび政治的困難に遭遇したが、そのたびに「ニコポン主義」と呼ばれる独自の人身掌握術で対立者を懐柔《かいじゅう》し、自らの勢力を広げていった。ニコポン主義とは、「ニコッと笑い、相手の肩をポンと叩《たた》く」の意味である。では、桂は温厚で調和的な人物だったのかと思いきや、権力志向が強めで政界におけるトップの地位に執着するタイプの人間であったようだ。

特にこの第二次桂内閣の後半になってくると、派閥のボスである山縣からも少しずつ距離を置いて独立の色を見せ始め、対立するような姿勢を取るようになる。桂はよほど慢心して鼻が高くなっていたのであろう。実際、明治天皇は彼を「桂の大天狗《てんぐ》」と呼んだという。

他にも社会政策で多くの実績を残した第二次桂内閣であるが、さすがに四年目ともなると長期政権への反発が高まる。また、南北朝正閏問題《なんぼくちょうせいじゅんもんだい》（中世の南北朝のうち、どちらが正統かをめぐる論争）が起きて、内閣に判断が求められるなど窮地に立った。結果、桂は立憲政友会と話し合った末、政治的状況が一息ついた八月の終わりに、西園寺へ総理大臣の席を譲り渡した。また、この時、元老の一人になっている。

陸軍に追い込まれ総辞職

第二次西園寺内閣は当然、立憲政友会を基盤とした内閣である。しかし、第一次桂内閣の影響が強かった第一次の時と違い、より政友会色、政党内閣色の強い政権として成立していた。

この内閣における大問題といえば、明治四十五年（一九一二）七月、明治天皇の崩御《ほうぎょ》であろう。そもそも日露戦争が終わったあたりから、天皇は体調を悪くしていたようだ。糖尿病と慢性腎炎《じんえん》の併発であったという。一方で、天皇に信頼されていた桂太郎がヨーロッパ視察へ出ている（後述）あたり、天皇は体調不良を必死に隠していたのだろう。枢密院会議に出席したが、座ったまま寝たり、四十度の熱を出したりし、一時は小康状態になりながら、七月二十九日の夜半に崩去したとされる。

そのまま皇太子・嘉仁《よしひと》が践祚《せんそ》し、元号を大正と改元した。大正天皇は明治天皇の第三皇子にあたるが、他の男子は皆成人まで生きられず、後継者になっている。即位時の年齢は三十二歳と明治天皇即位時の年齢が十五歳だったような不安はなかったが、生まれてまもなく髄膜炎《ずいまくえん》を患《わずら》うなど健康上の問題があり、特に即位後はたびたび不調をきたしたようだ。

話を第二次西園寺内閣に戻そう。この内閣では財政上の問題から緊縮政策を取らざるを得ず、「二個師団を増やしてほしい」と訴える陸軍（バックには山縣・桂がいた）との対立が発生した。内閣としては「二年後まで待ってほしい」と求めたが、陸軍は翌年からと要求。両者が折り合えないまま上原勇作《うえはらゆうさく》陸軍大臣が辞表を出し、後任について陸軍に推薦《すいせん》を求めたものの断られ、ついに西園寺は内閣を総辞職させた。軍務大臣現役武官制（陸海軍大臣の就任資格を現役の陸海軍大将・中将に限定する制度）のため、軍部の協力がなければ政権を維持することはできなかったのである。後任の首相はまたしても桂になった。同年十二月のことだ。

候補者が出ず再々登板

この頃、桂は政界から一時的に引退していた。明治天皇が亡くなると、内大臣兼侍従長として宮中に入っていたのである。内大臣は三条実美《さんじょうさねとみ》が亡くなってから空席になっていたポストで、名目上は天皇を輔弼《ほひつ》する要職だが、実権はないと見られることが多い。

桂はどうして政界を離れ、宮中に入ったのか。当時からいくつかの説があった。山縣が宮中にまで勢力を広げたかったから、または桂が自分の勢力を広げるために自ら入った（その後、自派の人間を総理後継にして操るつもりだった）といわれている。実際のところは、山縣が自分の手を離れて台頭しつつあった桂を排除すべく、他の元老と示し合わせて、宮中へ追い出したのが真相のようだ。

桂は暗殺された伊藤と並んで明治天皇の信頼が厚く、天皇を頼りにさらなる勢力拡大を図っていた。ところが、ヨーロッパ視察中に天皇崩御の知らせを聞き、慌てて帰国。そのショックの最中、山縣たち元老から「明治天皇が皇太子（大正天皇）に桂を頼りにするよう口にされていた」と諭され、宮中入りを承諾してしまった。他にも、山縣は桂を元帥《げんすい》にすることで政界から排除しよう画策している。天皇の軍事上の最高顧問である元帥になると、政党総裁になれなくなるため、桂は就任を拒否している。野心の炎は消えていなかったのだ。

桂太郎(『近世名士写真』国立国会図書館蔵)

桂が再び総理大臣の席に座ることになったのは、元老会議において有力な候補が出なかったからだ。山県派に桂の次代候補もいたのだが、状況が悪いと判断して山縣が推さなかったらしい。ちょうどこの頃、第二次西園寺内閣を倒す原因になった二個師団問題をきっかけに、陸軍と山縣閥に対して反発の動きが盛り上がっていた。この反発は軍や藩閥の力に対して議会・政党の力を伸ばしていこうという第一次憲政擁護運動（護憲運動）へ発展していく。結果、実績のある桂が三度目の登板になった。

国民の怒りが爆発し退陣へ

ただ、内大臣という名誉職的な色合いの強い役職から、いきなり総理大臣に戻るのは、さすがに不自然だった。そこで桂は大正天皇の詔勅《しょうちょく》（天皇が発した公文書）によって政界へ復帰する段取りを踏んだ。桂は内閣をつくってからも天皇の詔勅を利用して事態を好転させようとしたが、たびたび天皇の権威を引っ張り出してくる桂の態度は「立憲的でない」と民衆の反発を買ってしまう。元来、山縣と関係が深かったこともあり、桂もまた藩閥の一部と見なされ、憲政擁護運動の盛り上がりという火に油を注ぐことになってしまったわけだ。

桂は以前より新党の結成を計画しており、総理大臣になってから実際に立憲同志会を立ち上げている。立憲政友会に対抗できる大政党をつくろうとしたが、立憲政友会から引き込むこともできなければ、山縣閥の官僚を参加させることもできず、不調であった。

議会の外は激怒した民衆に取り囲まれ、内では立憲政友会が桂の詔勅戦術を批判し、内閣不信任案も出た。桂はまたしても詔勅を出すことで西園寺が率いる政友会に事態を収拾《しゅうしゅう》させようとするが、西園寺は政友会内部を説得できず、不信任案は可決した。桂は当初、衆議院解散を考えたが、民衆のエネルギーが革命につながるのではないかと恐れ、ついには総辞職の道を選んだ。在職わずか五十三日は他に例を見ない超短命内閣である。この事件を「大正政変」と呼び、桂園時代の終わりと大正デモクラシーの始まりを示す象徴的な出来事となった。

主要人物のその後

なお、桂は自らの新党の結成を見届けることができなかった。失望がストレスになったのか、十月十日、胃がんによって亡くなってしまったのである。没年六十七歳は若死にとは言えないが、二大政党制の夢を実現できないままの死は無念であったろう。

最後に、序章および第一章で活躍した人物について、本書の構成の関係で「その後」が書けなかった人の晩年をまとめておこう。

岩倉具視は明治十四年の政変で活躍後の明治十六年（一八八三）に胃がんによって亡くなっている。皇室や華族のための事業に邁進した晩年であったという。

三条実美は内大臣を務め続けたが、先述した通り黒田内閣が退陣した際、一時的に総理大臣を兼任したのち、明治二十四年に病で亡くなっている。

板垣退助は桂退陣の時点ではまだ存命で、社会問題の改善に力を注いでいる。亡くなったのは大正八年（一九一九）のことだ。

黒田清隆についてもすでに触れた通り、総理大臣を辞職してからは政権を自ら動かすような力はなかった。しかし、元老としての発言力は持ち、また逓信《ていしん》大臣や枢密院議長などを歴任している。脳出血で亡くなったのは明治三十三年のことであった。

そして、初代内閣総理大臣・伊藤博文が暗殺されたのは既述の通りだ。彼らが次々と姿を消す中、山縣有朋は健在で、大正時代にも山縣閥のトップとして権勢を振るい続けた。また、第一章で活躍した中では大隈重信も存命であり、彼の出番も間もなく回ってくる。

コラム

明治時代の元老

元勲から元老へ

第二章でたびたび触れてきたが、明治中期からの日本には「元老《げんろう》」と呼ばれる集団がいた。これは憲法をはじめとして政府の法律には何も規定されていないが、総理大臣を誰にするか（具体的には「誰を総理大臣候補として天皇に推薦し、組閣の大命降下にかかわる」）など、近代政治に大きな影響を与えてきた人々である。

元老はもともと「元勲《げんくん》」と呼ばれた人々（の一部）で、背景としては第一次黒田内閣が倒れた頃に伊藤博文・黒田清隆の両名に「特ニ大臣ノ禮《れい》ヲ以《もっ》テシ茲《ここ》ニ元勲優遇ノ意ヲ昭《あきらか》ニス」、つまり元勲として両者を優遇するという詔勅が降《くだ》ったことがある。

そして、松方内閣が倒れた際、いわゆる元勲のうちこの時点で存命かつ薩長派閥の首脳である伊藤と黒田、そして山縣有朋・井上馨の四人が天皇に呼ばれて「次の総理大臣を誰にするか」と問われた。以後、内閣が倒れて後継者が必要になるたびに彼らへ「次を誰にするか」が問いかけられるようになる。そこに松方正義・西郷従道・大山巌《おおやまいわお》の三人が加わって七人の会議の形が決まった。やがて、新聞が「黒幕会議」や「元老会議」と呼ぶようになって、いわゆる「元老」の呼び名が定まったのである。すなわち、元老（元老会議）とは「ナンバー2を決める重鎮たち」を指す。

ただし、第二章で見てきた通り、この元老会議の構成員たちの方針や信条は常に一致していたわけではない。そもそも薩長閥の主導権争いがあり、伊藤と山縣の対立もあった。そのような対立の中で歴代の総理大臣が決まってきたわけだ。

西郷従道、井上馨、大山巌

ここからは、元老のうち本文で大きく扱っていない人物について紹介する。

西郷従道は西郷隆盛の弟であり、当然、薩摩藩士だ。一度、出家して主家に仕える茶坊主になったこともあるが、還俗《げんぞく》して兄に付き従い、維新志士として幕末の動乱期に活動している。明治新政府では警察制度の確立に尽力したり、陸軍に入ったりしていた。征韓論問題では兄をはじめとして多くの薩摩出身者が政府を離れる中、西郷は彼らに追従せず残った。西南戦争では従軍せず、山縣有朋に代わって陸軍卿代理を務めている。

その後、参議になり、各省の卿や大臣を歴任。海軍大臣を務めることが最も多かった。総理大臣候補にもなったが、実際に就任することはなかった。「小西郷」と呼ばれるなど、兄譲りの器《うつわ》の大きさを持っていたといわれ、薩摩閥の重鎮であるとともに政府内部の対立において調停役を務めることが多かった。

井上馨は長州藩の地侍の家に生まれた（長じて一時期、上士の志道《しじ》家に養子入りしている）。幕末期には「井上聞多《もんた》」を名乗っていたことでも知られる。江戸で蘭学や砲術（本書でも出てきた江川太郎左衛門の塾）を学んだエリートとして藩主側近になって活躍する一方、過激派の尊皇攘夷志士としての活動も熱心に行なった。ところが、「長州ファイブ」の一角としてイギリス留学へ出るや、その途中で早くも開国論へ転換。長州が外国船を攻撃したニュースを聞いて伊藤とともに帰還後は諸外国との交渉に参加したり、藩論の転換や第二次長州征伐で幕府軍と戦ったりしている。

明治新政府では当初は外交、のちに大隈重信のもとで財政にかかわって国立銀行の設立を行なったが、三井ら政商との癒着《ゆちゃく》で政権内部から反発を受け、一時下野していた。まもなく政界に復帰すると、日本鉄道会社・日本郵船会社の設立に深くかかわるなど、財界とのつながりは変わらず強く、「財界の黒幕」的存在であった。

政界復帰後、いくつかの大臣を歴任しているが、特に外務卿・外務大臣として条約改正のための欧化政策を推進したり、第二次伊藤内閣時代には伊藤に代わって首相臨時代理を務めたりしたのは前述した通りだ。第三次伊藤内閣時代に新党設立を企図して失敗して以降、政界から引退したものの、元老の一人としてその後も発言力を残した。また、第四次伊藤内閣の後釜《あとがま》として組閣の大命を受けたこともあるが、断わっている。

大山巌は薩摩藩の生まれで、西郷隆盛の従兄弟《いとこ》にあたる。幕末期には尊皇攘夷過激派として活動し、寺田屋事件（文久二年〈一八六二〉、京都伏見の寺田屋で島津久光が自藩の過激派を粛清《しゅくせい》した事件）にもかかわり、謹慎させられたこともある。薩摩藩がイギリスと戦争した薩英戦争にも参加し、戦後は井上同様、江川太郎左衛門の塾で砲術を学んだ。戊辰戦争で関東や東北を転戦している。

明治新政府ではヨーロッパ視察を経て日本の陸軍創設に尽力した。西南戦争では西郷従道と違って出陣することになり、西郷隆盛と戦っている。内閣では長期間にわたって陸軍大臣（内務大臣や海軍大臣を務めたことも）を任せられた一方で、日清戦争や日露戦争では自ら出征して指揮をとった。

第三章

大正・戦前のナンバー2

敗戦へつながった三十年

第三章は大正から昭和初期の日本史を総理大臣、つまり日本政治のナンバー2を軸にして紹介していく。

一九一〇年（明治四十三）代から一九四五年（昭和二十）へのおおむね三十年間のこの時期は、日本が戦争へ突入していく時代である。その中で、「大正デモクラシー」という言葉に代表されるように民主主義が大いに盛り上がって政党内閣時代が到来した一方で、不況・恐慌が人々を苦しめ、その不満が軍部の暴走へつながったことも見逃せない。軍部は統帥権《とうすいけん》（軍隊を指揮する最高の権力）の独立を掲《かか》げて、ナンバー2である総理大臣はおろか、ナンバーワンのはずの天皇さえも時に無視し暴走して、最終的に敗戦を迎えるのである。

もちろん、戦争の背景にはマスコミをはじめとする民間の声やそれぞれの人々の思いもあり、軍部だけに責任を負わせるわけにはいかない。それでも、ナンバーワン・ナンバー2の制御がきかない軍部の存在は、この時代の日本史を語るにあたって欠かせないポイントであり、本章でも大きく扱っていきたい。

薩摩閥の生き残り

山本権兵衛《やまもとごんべえ》は薩摩《さつま》藩の出身である。十代の頃に鳥羽《とば》・伏見《ふしみ》の戦いや戊辰《ぼしん》戦争に薩摩藩兵として参加した。明治時代になってからは東京に留学し、昌平坂《しょうへいざか》学問所で学んだ後、海軍兵学寮《かいぐんへいがくりょう》(海軍兵学校)へ入る。征韓論問題が起きると、西郷隆盛を追って薩摩へ戻ったこともあるが、西郷じきじきの説得を受けて復学し、卒業。以後は長く海軍畑一本で活躍と出世を続けた。特に海軍大臣官房主事(海軍省主事)になってからは、時の海軍大臣・西郷従道《つぐみち》を助けて海軍の整備に努め、世の人は彼を「権兵衛大臣」と呼んだと伝わる。

第二次山縣《やまがた》内閣で正式に海軍大臣となり、第一次桂《かつら》内閣まで三代続けてこの席に座った。特に桂は「重要なことは、まず山本に相談せよ」と言い、実際に山本は外交問題では小村寿太郎《こむらじゅたろう》外務大臣とともに深くかかわって日英同盟実現に尽力した。

この頃、薩摩藩出身の政府有力者は西郷・大久保・黒田とすでに亡くなっていたので、薩摩閥《ばつ》は藩閥としては小さくなって「薩派《さっぱ》」と呼ばれていた。しかし、山本の存在もあって消滅することなく、また長州系の山縣閥は長州藩出身者が減っていたのに対して、薩派は薩摩出身者の純度が高く、強固な集団を保っていた。

山本が総理大臣になったのは、大正二年(一九一三)のこと。軍人の多い薩派の人間であり、自身も元海相であるから、さぞ軍人色の強い内閣なのか……といえば、実態は大きく違ったようだ。

原敬《はらたかし》が内務大臣になったのをはじめとして第一次山本内閣には立憲政友会の人間が多く入り、また山本自身が「立憲政友会の考え方を尊重する」と公言した通り、実態としては立憲政友会内閣としてとらえた方がよさそうだ。

他にも山本内閣では陸軍大臣・海軍大臣の現役武官制を予備役《よびえき》（有事に召集される兵役《へいえき》）・後《こう》備役《びえき》（現役を終えた人・予備役を終了した人の兵役）まで広げるように改めたり、政党員が上級官僚になる道を開くなど制度整備に力を入れたが、一方で海軍の強化にも力を入れたので、そこが民衆の反発を受けた。

特に大きな問題になったのが、「シーメンス事件」である。海軍がドイツのジーメンス社（シーメンス社）およびイギリスのヴィッカース社から軍艦など兵器を購入するにあたって、二社から海軍首脳に贈賄《ぞうわい》が発覚した収賄事件だ。大正政変の時に人々が怒りを向けたのは、長州閥（すなわち山縣閥）であり陸軍だったが、この時には薩派と海軍が攻撃の対象になった。海軍出身の薩摩人である山本が総理大臣だったこともあって、時の野党・立憲同志会による追及と議会を取り囲んだ群衆の圧力により、大正三年四月、内閣は総辞職となったのである。

大隈、十六年ぶりの復活

第一次山本内閣の後釜《あとがま》も難しかった。民衆は蛇蝎《だかつ》のごとく藩閥政治を嫌っていたし、一方で次の総理大臣を決めて天皇に推薦《すいせん》する役目を負っていた元老《げんろう》会議は立憲政友会に好印象を持っていなかったため、なかなかよい候補を見つけることができなかった。一度は山縣閥の清浦圭吾《きようらけいご》に組閣の大命が降《くだ》っているが、海軍大臣に加藤友三郎《かとうともさぶろう》を指名したところ、加藤から海軍の拡張を求められ、これを受け入れることができず、結果として組閣に失敗している。

そこから条件を満たす政治家として意外な人物が選ばれた。大隈重信《おおくましげのぶ》である。隈板《わいはん》内閣が崩壊した後、政治家を引退した板垣退助《いたがきたいすけ》に対して、大隈は憲政会が分裂した憲政本党の総理として政界の一線に立っていた。それでも明治四十年（一九〇七）に引退し、自らが創設にかかわった早稲田大学（当初は「東京専門学校」）の総長に就任していたのである。

ところが、大正政変のうねりを受けるや、大隈は政界に立ち戻ってくる。桂太郎が立ち上げた立憲同志会には大隈が隠然たる影響力を持っていた立憲国民党（憲政本党が母体）のメンバーが多く参加していたので、その支援が大いに期待できた。何より、大隈は藩閥の人間でもなければ、大正政変やシーメンス事件などにも巻き込まれず、「民衆政治家」としてクリーンなイメージを持ち、大衆の人気が非常に高かったのである。ただ、その豪放磊落《ごうほうらいらく》な性格から「早稲田の大風呂敷」と好まない向きもあったようだが。

結果、世間の攻撃を受けず、立憲政友会とも関係のない内閣として、第二次大隈内閣が立ち上がった。

第一次世界大戦と日本

第二次大隈内閣にとって最大の事件といえば、大正三年（一九一四）に始まった第一次世界大戦であろう。サライェヴォ事件（オーストリア皇太子がセルビア人青年により、ボスニアの首都・サライェヴォで暗殺される）をきっかけに、オーストリア・ドイツ・オスマン帝国他の同盟国とセルビア・ロシア・イギリス・フランス他の連合国が激突。ヨーロッパ全体を巻き込む大戦争になった。

日本にとっては遠いヨーロッパの話である。しかし、「連合国側のイギリスは日本の同盟国である」という大義名分を使うことができた。何よりも目と鼻の先の中国にあるドイツの利権を奪いたい。まさに中国進出の好機であった。

かくして大隈内閣は第一次世界大戦に連合国側として参加し、山東省にあったドイツ租借地および鉄道を占領する。そして翌年、当時の中国を統治していた袁世凱《えんせいがい》政権に対して「二十一箇条要求」を突きつけ、日露戦争で得た租借地や南満州鉄道の権利を延長させるとともに、山東省の旧ドイツ権益を奪い取る。

こうして日本は第一次世界大戦に漁夫の利を狙って参戦し、いよいよ本格的な大陸進出のための権利を獲得した。しかし、同時に中国における強烈な排日感情と、ヨーロッパ諸国からの警戒感をも買うことになり、のちの日中戦争・太平洋戦争につながる発端になる。

大隈人気の陰り

もちろん、外のことばかり考えてはいられないのが内閣というものである。大隈は第二次西園寺《さいおんじ》内閣以来の課題であった軍拡に取り組む必要があった。陸軍の二個師団増設に加え、海軍の拡大についても計画を作って議会へ提出。衆議院の多数派から激しい抵抗を受けるや解散し、総選挙で見事に大勝して与党による過半数を得るに至り、ついに軍拡計画が議会を通過したのである。

この勝利の背景にあったのは、第一に大隈の絶大な人気であった。しかし、それだけではない。時の内務大臣・大浦兼武《おおうらかねたけ》が徹底的に選挙干渉を行なったことも大きい。これが選挙後に問題となり、大浦は辞職。第二次大隈内閣自体も大正五年（一九一六）七月三十日に総辞職となった。元老会議による慰留《いりゅう》があって、一度は八月十日に改造内閣として再スタートしたものの、選挙干渉の一件もあって大隈人気には明らかに陰りが見えていた。

現役内閣が死に体になったら、有力者たちが「後継がどうなるか」を考え始めるのは、今も昔も変わらない。山縣は以前、第二次西園寺内閣が倒れた時に温存した自分の派閥の有力株である寺内正毅《てらうちまさたけ》と立憲同志会の総裁・加藤高明《かとうたかあき》との連立内閣を構想したようだが、寺内自身によって拒否された。寺内は立憲政友会と手を結ぶことを考えていたのである。大隈もまた加藤を後継者に指名したが、こちらは元老会議が受け入れない。こうして大隈が十月四日に辞表を出すと寺内内閣が成立した。

長州山縣閥のビリケン宰相

寺内正毅は長州藩の下級武士の生まれである。三男だが、母の実家に養子として迎え入れられ、寺内を名乗った。若くして第二次長州戦争に参加、その後、戊辰戦争では箱館《はこだて》戦争まで参加している。

時代が明治に移ると陸軍に入るが、西南戦争の激戦で被弾して右腕が自由に動かせなくなり、以後は軍政や兵站《へいたん》で活躍した。閑院宮載仁親王《かんいんのみやことひと》の留学に付き従ってフランスへ行っていたこともある。

第一次桂内閣から第二次桂内閣までの桂園時代に陸軍大臣を留任し、特に第二次桂内閣では「副総理格」として重きをなした。韓国併合に先立って陸軍大臣を兼任したまま統監となり、併合が達成されると初代朝鮮総督となっている。陸軍では最終的に元帥《げんすい》にまでなった。

寺内内閣は久しぶりの超然内閣で、構成員には政党員の姿が見られず、山縣閥の官僚、および寺内に近しい人物で固められている。立憲政友会は支援しつつもケース・バイ・ケース、立憲国民党は当初グレー的な態度を示してのちに与党化、憲政会（立憲同志会の後継）は野党という関係であった。

庶民が選挙や運動を通して政治にかかわっていこうという大正デモクラシーの時代にこのような姿勢を取ったことから、寺内は時代錯誤的な存在と見なされた。尖《とが》った頭の形が当時流行していたビリケン人形に似ていることと、「非立憲（＝ビリケン）」の語呂合わせから、「ビリケン内閣」と呼ばれるようになる。

ただ、寺内は政党から完全に距離を取っていたわけではない。憲政会らから内閣不信任案が出されての解散総選挙において、立憲政友会を与党に準じて第一党へと導き、一方で自らが影響力を持つ維新会という政党をつくって第三党とすることで議会運営を安定させている。

対中政策の失敗とシベリア出兵

寺内内閣時代で特に目立つのが外交、それも対中国政策であった。大隈内閣が「二十一箇条要求」に代表されるよう、積極的に中国へ干渉していたのに対して、寺内内閣は当初これを批判し、不干渉政策をとった。しかし、臨時外交調査委員会（閣僚、枢密《すうみつ》顧問員、政党の代表者で構成される外交審議機関）を設置して議論ののち、当時の中国を統治していた段祺瑞《だんきずい》を援助する方向へ舵を切り、第一次世界大戦の時期に得ていた外貨を借款《しゃっかん》で中国へ注《つ》ぎ込むことを選んだ。この政策を主導したのが、寺内側近の西原亀蔵《にしはらかめぞう》という人物だったので、「西原借款」と呼ばれる。

西原借款は最終的に日本の一年分の歳出の五分の一にも及ぶ莫大《ばくだい》な金額に至った。「担保を取らないなど誠意を貫けば中国も好意を持ってくれるはず。だから、日本の権益をより大きく広げられるだろう」といった西原の王道路線はうまくいかなかった。借款の名目はあったものの、その通りには使われず、実際には段政権を安定させるために使われた。そのような状況で借款が返ってくることはなく、段が失脚したこともあって多くは焦《こ》げつき、日本にとってはただただ浪費、借金の負担増になってしまったのである。

さて、もう一つ寺内内閣時代の重要なトピックとして、「シベリア出兵」がある。日本が最後までヨーロッパには出兵しないまま、第一次世界大戦は大正七年（一九一八）十一月に終戦した。その一方、ロシアでは日露戦争・第一次世界大戦の影響で革命が起きて帝政が倒れ、前年十一月に社会主義を掲げたソヴィエト政権が成立している。ロシア革命である。

これに対して、アメリカ、イギリス、フランス、そして日本は「同じ連合国側のチェコスロバキア軍がシベリアで孤立しているので、これを救出する」という名目で兵を派遣した。背景には自国の利益や資産の確保、旧ロシアへの親近感などがあったようだ。社会主義政権に対する警戒心もあったろう。日本がいわゆるシベリア出兵に踏み切ったのは第一次世界大戦が終結する前の八月。もともと、寺内や軍部に絶大な影響力を持つ山縣らは慎重な姿勢を取っていたが、最終的には彼ら、特に山縣の同意があって兵が派遣された。

米騒動から寺内内閣崩壊

シベリア出兵が行なわれたのと同じ頃、日本国内では米の値段上昇に苦しめられた庶民が米関係の商人を襲う「米騒動」が起きていた。この時期の日本国内は第一次世界大戦のおかげで好景気ではあったが、賃金以上に物価が上がって人々の暮らしは苦しいものだった。また、米は戦時中においては軍隊が必要とするので値段がさらに上がる。シベリア出兵でいよいよ米価が上がり、ついには暴動へつながってしまったわけである。

寺内はどうにかこれを収めなければならなかった。そもそも不足していた米を補うための外国産の米の輸入、米価を下げるための安売りなどの懐柔策はもちろん、軍隊出動による暴動鎮圧の強硬策まで取り混ぜて、どうにか九月には鎮圧することに成功した。しかし、これほど大規模な騒乱を起こしてしまった責任は取らざるを得ず、またこの時期には心臓を患っていたようで、鎮圧直後に退陣することになった。寺内はそのまま翌年十一月に亡くなっている。

その後を継いだのが、立憲政友会を率いて本書でもたびたび顔を見せていた原敬である。彼はもともと寺内内閣が倒れた後の政権を取るべく、「正しいことは正しい、悪いことは悪い」という是々非々の態度を取っていたと考えられている。

ちなみに、原の総理就任の過程で、ちょっとした珍事が起きている。政党内閣を成立させたくない山縣は大正天皇に「西園寺を総理大臣にしたい」と前もって訴え、組閣の大命を西園寺に与えようと画策したが、大正天皇は病気によって細かいやりとりが難しかった。そこで覚書を渡したのだが、大正天皇は西園寺に覚書をそのまま渡してしまったのである。

結局、西園寺は総理就任を辞退し、原にお鉢が回ってきたのだが、少なくともこの時期の天皇制はかつてのように政治的対立を整理し、仲裁する機能を失っていた。その点がよくわかるエピソードとしてここで紹介した。

絶大な人気を誇った「平民宰相」

原敬はここまでの歴代総理大臣とははっきり異なる存在であった。彼は元勲でもなければ藩閥の一員でもなく、公家出身でさえなかった。彼が生まれた陸奥《むつ》国南部《なんぶ》藩は戊辰戦争で奥羽越《おううえつ》列藩同盟に参加して新政府軍と戦った、いわば「朝敵《ちょうてき》」である。また、原の生まれた家は祖父が家老を務めたほどの名家であるが、彼自身は分家を継いで戸主となり、平民の身分であった。

原は旧主君の南部家が東京で開いた英学校やフランス人の神学校、司法省法学校で学んだのち、新聞・評論に携《たずさ》わり、さらに井上馨《いのうえかおる》の推薦で官界へ入った。おもに外交方面で活躍した陸奥宗光《むつむねみつ》の信頼を受けて活躍したが、陸奥が病没したために原は官界を離れてしまう。その後は大阪毎日新聞の社長を務めていたが、立憲政友会の立ち上げにかかわって政界へ身を投じ、第四次伊藤内閣では逓信《ていしん》大臣を務めている。

原は衆議院議員として当選を重ねる一方、西園寺公望を擁立しながら桂太郎と交渉し、桂園時代を演出したことはすでに述べた通りだ。西園寺内閣・山本内閣では内務大臣を務め、西園寺が立憲政友会の総裁を退《ひ》いたあとは、跡を受け継いだ。寺内内閣とは公平な立場で付き合って勢力を拡大し、臨時外交調査委員会にも参加して外交へ口を出し、そして寺内内閣が倒れた後、元老・西園寺の推薦を受けて、ついに総理大臣の座に着いたのである。

原は爵位《しゃくい》を持たぬ平民であり、また日本で初めて衆議院議員の総理大臣でもあり、「平民宰《さい》相《しょう》」として庶民に絶大な人気を誇った。

原内閣の四本柱

さて、原内閣はどのような政策をとったのか。

「列強諸国との対立はさらに激しくなるだろう」

第一次世界大戦が終わったこの時期、原たち立憲政友会も山縣閥も読みは同じであったようだ。そこで国防を最重要視した山縣閥に対して、立憲政友会は「まず工業や経済、インフラといった国力を高め、その力で防衛する」方針を選んだ。これはあの伊藤博文以来の立憲政友会の伝統的な方針であった。

原は内政においては積極政策を掲《かか》げた。これは四つの柱、つまり「教育の充実(特に大学など高等教育)」「産業の振興」「交通・通信の整備」「国防の強化」で構成されたが、国防まではさすがに手が回らないと比較的抑制気味だったようだ。結果として地方の発展が進んで立憲政友会の勢力が拡大しただけでなく、貴族院にも味方を増やし、政権を安定させていく。

また、選挙の改革にも手をつけ、大正八年(一九一九)には小選挙区への改正および条件の緩和(選挙資格の直接国税額を十円から三円へ引き下げ)も実現した。これは折からの大正デモクラシーの気運に乗ったものではあったが、条件を撤廃した普通選挙の実現には消極的であった。

外交面では第一次世界大戦の終結を受けて大正八年一月から始まった対独講和会議(パリ講和会議)に西園寺を主席とする全権使節を送った。この会議によって六月にヴェルサイユ条約が結ばれ、また国際連盟も発足している。日本はこの連盟で常任理事国の一角を占め、世界を代表する大国の仲間入りを果たした。

原敬(『近世名士写真』国立国会図書館蔵)

とはいえ、日本が国際政治の中で自国の要求を貫いたわけではない。この時に日本が主張した要求のうち、赤道以北の旧ドイツ領南洋諸島については委任統治を認められ、山東半島の旧ドイツ権益も受け継いだ（のちに中国国内の激しい反発を受けて返還）ものの、日本が提案した人種差別禁止法案は否決されて国際連盟の規約に盛り込むことはできなかった。原内閣の対外方針は国際協調路線（特に親米路線）になった。

原内閣の失速と非業の死

こうして基盤を確立した原の政権は三年あまりにもわたって長続きはしたものの、終盤になるとその勢いも衰えていく。

まず、大正九年（一九二〇）になると、戦争を背景にした好景気がぴたりとやみ、不景気、いや恐慌へ一気に突入してしまったのである。また、「平民宰相」のイメージを毀損《きそん》するような出来事が大きかったのも痛かった。立憲政友会が党勢を拡大したため、政治対立や汚職が目立つようになり、議会での数を頼んだ強硬な姿勢も非難の対象になり、さらには先述した通り普通選挙の実現に消極的だったせいで、庶民が立憲政友会、ひいては原に失望し始めたのである。

また、この時期に原を悩ませたであろう「宮中某重大事件」がある。これは国家の運営に直接かかわってくるわけではないが、当時の日本でナンバー2的なポジションを占めていた人物の一人である山縣に深く関係してくる事件なので、ここで紹介する。

事件の始まりは大正九年、時の皇太子裕仁《ひろひと》（のちの昭和天皇）の婚約者・久邇宮良子《くにのみやながこ》女王の家系（久邇宮家並びに外戚《がいせき》にあたる島津家）に、「色覚異常の遺伝があり、次代の天皇に影響を及ぼすのではないか」という疑いが持ち上がったのである。

そこで山縣・松方・西園寺三人の元老らが話し合い、久邇宮家に自主的な婚約の辞退を求めた。現代の倫理観からするとかなり常識はずれだが、当時の価値観としては、そこまでおかしくもなかった。しかし、一度決まった婚約を取り消すといった信義違反を強引に押し通せるほどの説得力もなかった。さらに島津家がかかわっていることで薩派も絡《から》んできて、宮中・政界・民間まで巻き込む大規模な論争・対立になってしまったのである。最終的に翌年、久邇宮良子女王との婚約は公式に継続すると発表され、事件は終息した。山縣は責任を取ってすべての官職や勲章を辞退すると申し出たものの、大正天皇から慰留されて取り消した。それでも山縣の権勢を大いに傷つける事件であったことに間違いはない。

そのような諸般の事情を受けて原内閣が勢いを失う中で、大正十年に大事件が起きる。原が東京駅から夜行列車に乗ろうとした際、改札口で短刀を持った若者に襲われ、殺害されたのである。犯人の動機は、原および立憲政友会への不満であったという。

また、この原の死からまもなく、山縣もこの世を去った。そもそも八十を優に超えた老齢であったうえ、原の暗殺にショックを受けて衰弱し、翌年二月に亡くなってしまったのである。なお、政界からは引退したが、ジャーナリズムの世界で大きな存在感を示していた大隈重信が亡くなったのもちょうど同時期で、日本は優秀な政治家を一気に三人失ったことになる。

総理は敏腕大蔵大臣

その風貌から「ダルマさん」と親しまれた高橋是清《たかはしこれきよ》は、まるで物語のような波瀾《はらん》に満ちた人生を送った。

最初、幕府御用絵師の庶子に生まれ、その後すぐ、仙台藩足軽に引き取られて成長した。そんな彼に目を付けた仙台藩留守居役に見いだされ、横浜で働きつつ英語を習得し、ついにはアメリカ留学にまでこぎ着けたのだが、騙《だま》されて下僕（実質的に奴隷）扱いされる散々な目に遭《あ》った。翌年、どうにか帰国して十六歳で英語教官になるも遊びすぎで辞めることになり、しばらく芸妓屋の手伝いをしていたこともある。また、一度官界に入って特許局長兼東京農林学校長にまでなったのに、仕事を辞めてペルーの銀鉱開発を行なうが、これも騙されて失敗し、全財産を失う始末であった。

その後、高橋は日本銀行に入り、以後、出世して日本銀行総裁にまで上り詰めた。この間に日露戦争戦費調達のために欧米へ出て外債を集めることに成功し、貴族院議員にもなっている。

高橋是清（『近世名士写真』国立国会図書館蔵）

第一次山本内閣で大蔵大臣になったのをきっかけに立憲政友会へ入り、原内閣でも大蔵大臣として入閣している。

高橋が総理大臣になったのは、原が暗殺されたからだ。当然、新しい人員を集めて内閣をつくる時間などない。原内閣時代の人員をそのまま継承し、自身が大蔵大臣兼任で総理を務めることになった。

世間が「居抜き内閣」と呼んだ政権は、外交面では原内閣以来の国際協調政策を継承。ワシントン会議に参加して軍縮を受け入れ、またシベリア出兵の終了や山東省の権益放棄なども決めた。

しかし、内政はあっという間に行き詰まってしまう。そもそも状況がよくなかった。折からの不況のせいで積極政策を継続することができずに緊縮へ舵を切ると、人々の不満が爆発したのだ。加えて、そもそも高橋は入閣経験こそあれ、大蔵大臣を二回務めたのみで、政治家としての経験は決して豊富とはいえず、政権や政党をまとめる力に欠けていた。結果、内部で意見対立が起きて政権運営は頓挫《とんざ》し、一年に満たずして総辞職になってしまったのである。

ただ、政治家としての高橋のキャリアがこれで終わってしまったわけではない。のちの護憲《ごけん》三派《さんぱ》内閣に農商務大臣として入閣し、またその後も引退したにもかかわらず田中義一内閣・犬《いぬ》養毅《かいつよし》内閣で大蔵大臣を務めた。高橋は悲劇的な最期を遂《と》げることになるが、くわしくは後述する。何にせよ強調したいのは、彼は総理大臣経験者ではあるものの、たびたびの大蔵大臣就任時に実行したいわゆる「高橋財政」でこそ名を残している点だ。

燃え尽きる前に軍縮を実行

加藤友三郎は広島藩士で儒学者だった父のもとに生まれ、一足先に海軍軍人となった兄に続いて自らも海軍兵学寮に入って海軍軍人となった人物だ。加藤は軍で順調に出世し、日清・日露の両戦争で活躍。特に日露戦争では東郷平八郎《とうごうへいはちろう》のもと連合艦隊参謀長を務め、日本海海戦での勝利に貢献した。

第二次大隈内閣の途中から海軍大臣を務めて以来（その前に清浦奎吾の幻の内閣時に海軍大臣の打診を受けて断わったのも、実はこの加藤）、寺内・原・高橋内閣で海軍大臣を歴任した。なお、ワシントン会議にも全権委員として参加し、軍縮や大陸からの撤退を受け入れている。軍人でありながら軍事力を押さえ込むような政策に参加したのは、「国を守る力は必ずしも軍事力だけではない」という考え方を持っていたからといわれる。

高橋内閣が崩壊した際、元老・松方が後継者として加藤に白羽《しらは》の矢を立てたのも、まさにそのような加藤のスタンスが一因であったろう。ワシントン会議で決まった軍縮を実際に行なうためには、軍への影響力が強い加藤が適任だった。

加藤内閣を第一に支援するのは貴族院で、多くの大臣を貴族院の議員が占めた。立憲政友会の支持もあったが、貴族院の印象が強く「特権内閣」と非難する声があったようだ。また、この時点ですでに六十歳を越えていた加藤は病気がちで、「燃え残りのロウソク」とあだ名をつけられ、「残燭《ざんしょく》内閣」と揶揄《やゆ》されている。

このように嘲《あざけ》られたにもかかわらず、加藤は与えられた役目を見事に全《まっと》うしている。軍縮を成功させて財政負担を抑え込み、シベリアからの撤兵も完了させた。しかし、病に勝つことはできなかった。総理大臣就任してから約一年後の大正十二年（一九二三）八月二十四日、加藤は大腸がんでこの世を去ることになる。

療養に専念しなかったといい、加藤は加藤なりに自分の身を犠牲にして国のために尽くそう、いやそうせねばならない、そのような使命感があったのかもしれない。しかしながら、この献身は結果として裏目に出た。なぜなら加藤の死後、内田康哉《うちだこうさい》外務大臣を臨時総理にした政権運営中の九月一日、関東大震災が発生したからだ。この時に無数の犠牲者が出た原因の一つに、臨時内閣が強力なガバナンス《管理・統制力》を持っていなかったことは否《いな》めない（なお、前月二十八日には大命降下があったため、政権の空白期間に地震があったことは悲劇だが、思いもかけぬ事態である）。

大震災と狙撃事件に翻弄

関東大震災の翌日、九月二日に第二次山本権兵衛内閣が立ち上がった。組閣自体は手間取っていたが、大震災を受けてもはや猶予《ゆうよ》なしと成立させられた形である。

西園寺が「海軍の大御所」である山本を再び引っ張り出したのは、第一には当時の政党、たとえば立憲政友会では激しい内紛があり、総理の候補者にふさわしい政党員がいないこともあって、翌年に迫る選挙までは政党と関係ない総理を立てた方がいいと判断された経緯があるらしい。一方で、同じ海軍出身の加藤の方針を継承させたいという西園寺の狙いも山本の抜擢《ばってき》にはあったようで、実際、第二次山本内閣は陸軍軍縮や財政緊縮（他に普通選挙の実現なども）といった加藤内閣を継承する公約を掲げている。

ただし、実際には「地震内閣」のあだ名通り、震災からの復興に忙殺されてしまった。そうこうするうち、大事件が起きた。

過ぎる大正十年（一九二一）、大正天皇の体調が思わしくなかったため、皇太子裕仁は摂政《せっしょう》に就任している。震災もあって結婚を延期した年末の十二月二十七日、摂政宮裕仁が帝国議会開院式に臨む道中、社会主義者の難波大助《なんばだいすけ》に狙撃されたのである。弾丸は外《はず》れて摂政宮は無事であったが、山本内閣は責任を取って総辞職へ追い込まれた（摂政宮は山本の辞職を一度却下《きゃっか》したが、世間の非難が内閣に集中したうえ、内部対立も噴き出した)。この狙撃事件を襲撃場所から「虎ノ門事件」と呼ぶ。

第二次山本内閣が思わぬ事件で倒れてしまったため、元老はこの内閣を立てた時と同じコンセプトで新たな候補を選んだ。結果として枢密院議長の清浦奎吾《きようらけいご》に組閣の大命が降ったのである。

貴族内閣の末路

清浦奎吾は肥後国熊本藩の僧侶の子として生まれ、一時期地元で私塾を開いたが、明治初期に上洛してからは官僚として活躍し、山縣閥に加わって台頭していく。

第二次松方内閣・第二次山縣内閣で司法大臣、第一次桂内閣でも当初は司法大臣、のちに農商務大臣となって、山縣閥の有力官僚として活躍した。第一次山本内閣崩壊後に組閣の大命が降りながら海軍との軋轢《あつれき》で成立しなかったのは、前に見た通りだ。山縣が亡くなると、枢密院議長の役職を受け継いでいる。この地位は当時生き残っていた二人の元老(松方、西園寺)に次ぐ格であり、二人が清浦を新たな総理として選んだのもその格ゆえであろう。

清浦内閣は貴族院の最大会派である研究会を基盤にした超然内閣として成立し、立憲政友会を与党とすべく取り込もうとした(その過程で一度挫折し、組閣を諦めたこともあったという)。

しかし、政党側の多くはこの動きに従おうとしなかった。むしろ、当時の主要政党である憲政会・立憲政友会・革新倶楽部《かくしんくらぶ》（立憲国民党の後継）は超然内閣に反発し、政党内閣の実現などを謳《うた》って「護憲三派」を結成。「第二次護憲運動」によって清浦内閣を倒そうとしたのである。

結果、大正十三年（一九二四）に衆議院が解散されて総選挙となったが、政友本党（清浦に与《くみ》した立憲政友会の一部）は第一党になることができず、その敗北の責任を取る形で内閣総辞職になった。続いて総理の椅子に座ったのは、清浦を打ち負かした護憲三派の一つ、憲政会総裁の加藤高明《かとうたかあき》だった。

なお、これ以後の清浦は政界を離れたが、国務について諮問を受ける相談役的な立場としては存在感を残し、また青少年教育事業にも情熱を傾けた。

政党政治誕生の立役者

加藤高明は名古屋藩（尾張藩《おわりはん》）の下級武士の生まれで、同じ下級武士の加藤家に養子に入っている。上京して勉学に励み、東京大学法学部を首席で卒業した後、三菱から日本郵船と民間経験を経《へ》て外務省に入った。なおこの間に岩崎弥太郎（元土佐藩郷士で三菱財閥の創立者）の娘を妻に迎えている。義父との関係が大きな影響を与えたことはなかったらしいが、経済的な安定は政治家としての活躍のバックボーンとなっただろう。大隈重信外務大臣の秘書となって条約改正交渉に尽力、大隅外相遭難事件で官界を離れるが、大蔵省で復帰。その後、外務省で駐英公使を五年にわたって務めた（さらに駐英大使を四年にわたり、務めている）。

その後、第四次伊藤内閣、第一次西園寺内閣、第三次桂内閣、第二次大隈内閣で外務大臣を歴任し、日英同盟を推進、第一次世界大戦時の交渉でも活躍している。一方、東京日日新聞（のちの毎日新聞）社長や衆議院議員を二期にわたって務めた（その後、貴族院勅選議員につく）。第一次世界大戦時に元老たちの意見を無視して強引に強硬政策をとったことから、元老に嫌われ、また自らも元老を嫌って政権から距離を置くことが多かったとされている。

桂太郎の急死でリーダーを失った立憲同志会の総裁になり、同志会を解散、憲政会を結党し、引き続き総裁の地位を占めた。やがて普通選挙運動の中心になって勢力を広げ、ついに護憲三派の中核として時の政権を打倒。西園寺の推薦で組閣の大命を受けるに至った。

護憲三派の結束と崩壊

加藤内閣は護憲三派内閣と呼ばれた通り、憲政会の加藤だけでなく立憲政友会の高橋是清、革新倶楽部の犬養毅らを入閣させており、まさに護憲三派による政党内閣であった。

外交面では幣原喜重郎《しではらきじゅうろう》が外務大臣につき、以後、複数の内閣にわたって展開される「幣原外交」を始めた。その特質は国際協調（特にアメリカへの協調）と中国への内政不干渉であった。

加藤高明(『近世名士写真』国立国会図書館蔵)

前者の背景には、当時の日本にとってアメリカが最大の貿易相手であり、関係を崩《くず》すわけにはいかなかったことがある。たとえば、アメリカで新移民法が成立して日本からの移民ができなくなり、国民レベルでは日米の対立意識もあった。このような感情的対立は、やがて「ワシントン体制はアメリカ・イギリスが日本を押さえ込もうとするものであるから、日本の発展のためにはこの状況を打ち破る必要がある」という、一九二〇年代後半以降のムーブメントにつながっていく。しかし、それはもう少し先のことであり、少なくともこの時点での外交路線では協調政策が続けられた。また、長く国交断絶状態にあったソ連との間に日ソ基本条約が結ばれて国交が復活したのも加藤内閣での出来事であった。

内政面で最大の功績は、普通選挙法の成立であろう。それまであった納税額による制限が取り払われ、満二十五歳以上の男子に選挙権が与えられたのである（一部財産や居住による制限は残った）。これは第二次護憲運動において掲げられた公約に従ったものである。軍縮にも取り組み、陸軍四個師団廃止などの成果を出している。他に貴族院の改革や軍部大臣武官制の廃止にも取り組んだが、前者は不完全なものに終わり、後者は実行できなかった。

さらに加藤内閣では、後世に悪名高い「治安維持法」が成立している。背景には、ロシア革命以来、世界的に高まっていた社会主義運動の潮流が、普通選挙法やソ連の影響もあり、勢いづくことへの警戒があった。この時点での維持法のターゲットは、あくまで社会主義者やアナーキストであったが、やがて拡大解釈されるようになっていく。

このように、加藤内閣は国民の期待に完全に応《こた》えて改革を実行できたとまではいえず、そのせいもあったのか、大正十四年（一九二五）の第五十議会が終わると、護憲三派の結束が乱れ始める。特に革新倶楽部の党員の多くが立憲政友会に合流すると、憲政会と立憲政友会による政治対立が始まり、加藤内閣は崩壊、総辞職となった。

この時、立憲政友会総裁の田中義一《たなかぎいち》は政友本党と提携することで次の総理の椅子を目指したが、西園寺は再び加藤を指名する（そのため、現在の日本における公式な定義では加藤内閣がそのまま続いたことになっているが、資料によっては第一次・第二次と分けることもある）。加藤続投の背景には、西園寺が前年から立憲的な姿勢を示す加藤内閣への評価を上げつつあったこと、対する政友会は小細工をしすぎると評価を下げていたことがあったとされる。民衆の支持が加藤内閣から失われていないという判断もあったようだ。

新たに立ち上がった加藤内閣は憲政会の単独内閣だったが、政務次官・参与官の役職を貴族院の派閥へ提供することで貴族院対策を行なっていた。ところが、同年に開かれた第五十一議会の最中、加藤は肺炎に倒れ、そのまま帰らぬ人となった。護憲三派運動へ導いた加藤の存在は大きく、その死の衝撃は計り知れなかった。

力不足のうそつき総理

加藤の後継となった若槻礼次郎《わかつきれいじろう》は、松江藩士奥村家に生まれ、叔父の養子になって若槻を名乗った。帝国大学法科大学首席卒業から大蔵省に入ったエリートであり、税制畑で順調に出世。大蔵省の次官をたびたび務めた。

貴族院議員に勅選された後、第三次桂内閣では大蔵大臣を務め、桂に政党結成を勧め、立憲同志会がつくられると参加する。第二次大隈内閣でも大蔵大臣を務めたが、下野後は加藤らとともに長く野党として戦い続け、ついに加藤内閣で内務大臣に就任するに至った。

そんな中で加藤が急死したため、若槻は総理大臣臨時代理として総辞職を決定。そのうえで若槻が憲政会総裁、そして総理大臣の職を継承したのである。閣僚全員もそのまま続投したため、ほぼ加藤内閣の延長線上と考えていいだろう。

とはいえ、若槻はもともと加藤の下のナンバー2的存在であり（だからこそ加藤が倒れた際に臨時代理になったわけだが）、「政権運営能力は未知数」とみなされ、政権のトップとしては軽く見られることも多かったようだ。実際、「重みが減った」「力不足だ」との声もあった。

また、憲政会は与党であったが、過半数を占めていたわけではなく、立憲政友会・政友本党との勢力関係は不安定だった。それでも加藤の死を乗り越えて再開した第五十一議会は政友本党の助けを得てある程度の成果を出し、解散せず乗り切ることができた。

ただ、この時点ですでに松島《まつしま》遊廓疑獄（大阪・松島遊廓の移転をめぐる汚職事件）という火種があり、また朴烈《ぼくれつ》事件（朝鮮人アナーキストによる天皇・皇太子暗殺未遂事件）に関係して逮捕された容疑者と妻が取り調べ中に抱き合っている写真が流出して政府が激しく非難される出来事もあって、第五十二議会は大いに混乱し、昭和二年（一九二七）には野党による政府弾劾《だんがい》決議案（不信任案）も提出された。

ここで若槻は政治的交渉による問題の回避を狙った。実は前年十二月、かねて健康に不安のあった大正天皇が崩御《ほうぎょ》していたのである。大喪《たいそう》中であり、昭和の新政も始まったばかりで政争はいかがなものか、と政治的停戦を取り付けたのである。その代わりに予算案の成立後に総辞職するという条件を仄《ほの》めかしたようだが、これは反故《ほご》にしてしまったので、「うそつき礼次郎」と非難されるに至った。

議会の終盤、片岡直温《かたおかなおはる》大蔵大臣が破綻《はたん》していない銀行を「破綻した」と答えてしまった失言をきっかけに取り付け騒ぎ（預金の引き出しを求めて殺到する状況）が発生し、金融恐慌へ発展してしまう。また、前内閣から引き継いだ国際協調主義についても弱腰であると非難される。

これらの結果として、追い詰められた若槻内閣は総辞職に至った。

恐慌問題の解決は、立憲政友会総裁の田中義一が組織する内閣へ託されることになる。政治的失敗を受けての野党第一党への政権交代であり、これがいわゆる「憲政の常道」としてしばらくの間、慣例化されることになる。ただ、逆に言えば「対立政党の政権を引きずり下ろしたら自分たちが政権を取れる」というあり方でもあり、結果的に政争の激化を招いたことにも注目すべき点だろう。

陸軍のエリート総理

田中義一は長州藩の出身だ。不平士族の一人として萩の乱に参加したこともあるが、やがて上京して陸軍へ入り、日清戦争にも出征している。その後は参謀本部に入り、日露戦争の際には満州軍の参謀を務めた。この頃、満州の軍閥《ぐんばつ》（清末期から中華民国時代に存在した軍事集団）指導者である張作霖《ちょうさくりん》との間に深い親交があったとされる。日本に戻ってからは、おもに軍政の方面で活躍し、大正政変のきっかけになった陸軍による二個師団増設要求を推し進めてもいる。

原内閣において陸軍大臣を務めたのは、そもそも山縣から高く評価されていたのに加えて、原とも親交があったためだという。その後、第二次山本内閣でも陸軍大臣を務めた。加藤（護憲三派）内閣時代に高橋是清に推されて立憲政友会総裁になり、内閣入りを拒否して政権から距離を取ったため、護憲三派の崩壊へつながった。加藤内閣を受け継いだ若槻内閣が総辞職すると、田中は組閣の大命を受けて総理大臣（外務大臣兼任）になったのである。

経歴からわかる通り、田中は軍部に顔がきいたが、加えて枢密院副議長の平沼騏一郎《ひらぬまきいちろう》とも強いつながりがあった。加藤内閣以降の政党政権の時代、各政党はなかなか議会で安定的な勢力をつくれず、議会外の勢力を得て政権をつくり、その後、解散して選挙で勝つことが多かった。田中のケースがまさにそうで、総理就任の翌年冒頭に解散。大正十四年（一九二五）に制定された普通選挙法に基づく第一回の普通選挙に挑《いど》んだ。

ただ、第一党にはなれたものの、選挙前に鈴木喜三郎《すずききさぶろう》内大臣の「議会中心主義は国体と相容《あいい》れない」といった発言があり、選挙工作がかなり大規模に行なわれたり、選挙結果で過半数が取れなかったために政治工作で何とか過半数を成立させたりと、かなり怪しい普通選挙だったようだ。また、緊急勅令による治安維持法の罰則強化や共産主義者の弾圧など、思想問題に熱心な内閣でもあった。

田中内閣を特徴づけたのは対外政策である。前内閣までの幣原外交を批判していたこともあり、中国国民党軍の北上を阻止し、満州への支配力を強めるため、山東半島へ出兵を三度も行なうなど、着実に成果を積み重ねようとした。

ところが、満州に駐屯する関東軍の内部にはより強硬な姿勢を望む者がいた。結果、昭和三年（一九二八）、田中とも親交があった張作霖が乗車する列車を爆破して中国の国民党軍の仕業《しわざ》に見せかけ、これを大義名分にして満州へ侵攻、直接支配を画策した陰謀工作が実行された。

いわゆる「張作霖爆殺事件」だ。

当初、田中はこの事件に対して厳しい処分を下す姿勢をとり、昭和天皇にもそのように上奏している。しかし、実際には軍部の反発に遭い、ごく軽い処分になり、責任も曖昧《あいまい》に終わった。昭和天皇はこの経緯に激怒する。若き天皇から激しく叱責《しっせき》された田中は涙を流し、天皇の信頼を失ったことから辞職を決断。第一野党の立憲民政党（憲政会と政友本党が合併）の浜口《はまぐち》雄幸《おさち》にお鉢が回って来ることになる。

凶弾に倒れるライオン首相

浜口雄幸は初の明治生まれの総理大臣である。その外見から、「ライオン首相」というあだ名をつけられたことでよく知られている。

高知の山林官（山林の見回りをする仕事）だった水口家に生まれ、豪農の浜口家に養子に入った。帝国大学法科大学政治学科を卒業して大蔵省へ入ったものの、上司との折り合いが悪く、十年近く地方を転々とした。中央へ戻った後に煙草《たばこ》専売局に入って長官になり、また逓信《ていしん》次官にもなった。立憲同志会に参加し、第二次大隈内閣の時に大蔵次官を務めた。高知から選挙に出馬し、衆議院議員となる。

加藤・若槻らとともに十年にわたる野党での戦いを経て、加藤内閣・第一次若槻内閣で大蔵

浜口雄幸(『近世名士写真』国立国会図書館蔵)

大臣を務め、第二次若槻内閣では副総理格の内務大臣を務めた。憲政会と政友本党が合併した立憲民政党で総裁になり、田中内閣総辞職後に大命降下を受けて総理大臣になる。なおこの時、通常数日をかけて行なう組閣を五時間で終わらせたというエピソードが伝わっている。また、浜口は自分の政策を宣伝ビラにして配っただけでなく、ラジオを通して自分の声によって国外・国内の情勢と政策の意味を訴える画期的な手段を採用している。

ただ、そうして宣伝した政策の中でも、特に本命であった経済対策はうまくいかなかった。

第一次世界大戦後、欧米諸国では金と紙幣の交換を保証する金本位制への復帰が進んでいた。金本位制＝金輸出解禁となれば、交換が簡単になり、為替《かわせ》相場が安定する利点があるからだ。欧米と同じく金本位制を停止していた日本も復帰を模索したが、震災恐慌・金融恐慌と相次ぐ不況に見舞われてその対応に追われ、インフレ状況も続いており、なかなか復帰への手立てを打てずにいた。しかし、不況を脱するためには輸出の増大は欠かせず、浜口は金輸出解禁を断行し、好景気を招《まね》こうと画策したのである。ところが、政策を実行する直前の前年十月、アメリカで起きた株価大暴落をきっかけに世界大恐慌が巻き起こり、浜口の政策は完全に裏目に出てしまった。輸出は激減し輸入は超過となり、金も大量に国外へ流出すると、昭和恐慌が発生。日本経済はさらなる不況に打ちのめされることになってしまったのである。

外交面では幣原外交が復活し、対外協調路線に復帰した。ロンドン軍縮会議で海軍の軍縮をのんだが、海軍からは「政府が兵力を勝手に決めるのは、統帥権《とうすい》を犯している」と激しい反発があった。これに対して、浜口は「たとえ玉砕《ぎょくさい》するとしても男子の本懐ではないか」と主張、一部海軍・政友会・枢密院らの反対を押し切って条約に批准《ひじゅん》した。

しかし、折からの不況による社会情勢の不安定化は右翼活動の増大を招いており、そこに統帥権の問題も絡《から》んだ結果、事件が起きる。昭和五年（一九三〇）十一月、右翼活動家の佐郷屋《さごや》留雄《とめお》が東京駅で浜口を銃撃した。襲撃理由は統帥権の干犯《かんぱん》であったという。

重傷を負った浜口の代理として幣原外務大臣が総理大臣を務めたが、議会で野党を押さえ込むことができない。結局、浜口が怪我を押して議会に立ったものの症状は悪化し、ついに昭和六年四月に総辞職となり、浜口は八月に亡くなってしまった。立憲民政党総裁および総理大臣の椅子は、再び若槻に託されたのである。

軍部の暴走を阻止できず

若槻礼次郎は第一次内閣が倒れた後、立憲民政党の顧問を務め、ロンドン軍縮会議では主席全権として出席した。若槻がいま一度、総裁・総理大臣に就任したのは、党幹部の多くによる推薦と病床の浜口が強く望んだからであった。若槻はよく言えばバランス型、悪く言えば優柔不断といわれた政治家だったため、政権の安定を求められたのだろう。

第二次若槻内閣はその構成員も、また政策も、おおむね浜口内閣を受け継いだ。

この内閣で起きた大きな事件として、昭和六年（一九三一）九月からの「満州事変」がある。幣原外交の国際協調路線が継続していたが、日中関係は行き詰まりを見せていた。中国では国民政府が全土統一を進めており、列強諸国に奪われていた権益を取り戻そうとしていたのである。中国全体で日本商品を拒否する運動が起こるなど、経済的にも不利な状況へ追い込まれ、満州の軍閥である張学良《ちょうがくりょう》政権も国民政府の影響下に入っていく。

関東軍ら軍部強硬派は、この事態を「満蒙《まんもう》の危機」であるとみなし、柳条湖《りゅうじょうこ》事件（関東軍が南満州鉄道の線路を爆破した自作自演の事件）を起こし、事件を「張学良軍の仕業《しわざ》」と宣言して満州の各地へ出兵、攻撃を始めた。若槻内閣は不拡大の方針を打ち出したが、関東軍に無視され、翌年二月にかけて満州全体が占領されるに至った。

内閣も軍部の主流派も関東軍を押さえることができず、むしろ世論は関東軍を支持した。そんな中、政権内部では立憲政友会との連立内閣をつくろうという意見が出て、若槻も賛成したものの、反対する動きもあってまとまらず、ついに内閣総辞職となったのである。

後継は立憲政友会の犬養毅になった。ただ、西園寺としては犬養に決めたものの、若槻・幣原を政治中枢から外《はず》すことを躊躇《ためら》い、「若槻再登板」や「連立内閣」などを口にし、総理交代について初めて秘書に何度も意見を求めた。そのような記録が残っている。結局、将来的に若槻らの復活を睨《にら》み、犬養を総理大臣に任命した。

「憲政の神様」の登場

犬養毅は岡山藩士の子として生まれ、長じて上京。福沢諭吉《ふくざわゆきち》が創立した慶應義塾で学びながら新聞記者として活動し、西南戦争にも記者として従軍している。慶應義塾中退後は本格的にジャーナリストとして活躍。福沢諭吉と大隈重信のつながりで統計院権少書記官として官界に入ったが、明治十四年の政変で大隈らが政府から追放された際に辞職している。その後は立憲改進党の結成に加わる一方、マスコミ業界での活動も続けていたようだ。進歩党の結成にも参加し、これが自由党と合併して憲政党となり、憲政党が中心になった隈板内閣では尾崎行雄が辞めた後の文部大臣を務めている。

憲政党分裂の際には憲政本党に属し、その後、憲政本党後身の立憲国民党に入党。第一次憲政擁護運動・大正政変では政府攻撃の先頭に立ち、尾崎行雄と並んで「憲政の神様」と呼ばれるに至った。この立憲国民党は桂の立憲同志会へ多くのメンバーを引き抜かれたが、以後も野党として活動を続け（この間、第二次山本内閣で逓相《ていしょう》を務めたことも）た。犬養がトップになったのち、立憲国民党を核として革新倶楽部が結成。護憲三派の一角を占め、ついに内閣を成立させたのは前述した。

犬養自身は加藤護憲三派内閣で逓相を務めたものの、革新倶楽部を政友会と合併させると一時的に引退していた。しかし、田中義一が亡くなった後の政友会総裁として推され、第二次若槻内閣の倒閣後、大命降下を受けて総理大臣となった。

テロのターゲット

犬養内閣の内政における業績としては、金輸出の禁止がある。これによって二年ほど続いた金の流出を防いだ。また、大蔵大臣・高橋是清による積極財政が展開され、ある程度の成果は上げたが、農村をはじめ不況は未だ深刻であった。

また、犬養内閣に課せられた最大の課題として、この時点でまだ収束していなかった満州事変への対応があった。犬養としては満州について、「領有権は中国に、経済的な支配権は日本へ」というプランでのソフトランディングを狙ったが、軍部の妨害により失敗してしまう。中国では陸軍の行動がいよいよ過激化し、上海《シャンハイ》事変（陸軍の陰謀で発生した日中間の武力衝突）を経て、昭和七年（一九三二）三月、ついに日本の傀儡《かいらい》国家・満州国の建国に至った。

むろん、犬養内閣は満州国を承認しなかったが、当時、国内でもたびたびテロ事件が起きていた。一月には桜田門事件（天皇暗殺未遂事件）が発生して犬養が辞表を出すも天皇の意思で留任。二月から三月にかけて血盟団《けつめいだん》事件（右翼による暗殺事件）が発生。

犬養毅（『近世名士写真』国立国会図書館蔵）

そして、五月十五日。前代未聞の事件「五・一五事件」が起きる。陸軍および海軍の革新派グループがクーデター事件を実行したのだ。同日未明、首相官邸を襲撃した一団に向かい、犬養は「話せばわかる」と押し留《とど》めようとしたものの、「問答無用」と返され、射殺されてしまったのである。動機としては、暴走の度合いが高まる軍部を押さえ込もうとする犬養の政治姿勢に「統帥権を犯す」として反発する部分が大きかったようだ。

クーデターはさほどしっかり計画されていたわけではなく、ほどなく実行犯の多くが自首して事件は終わった。しかし、現役の総理大臣が暗殺された社会的に凄《すさ》まじい衝撃を与えた。

何より大きな影響は政党内閣の時代が終わってしまったことだ。西園寺は後継者を先立つ二月の総選挙で最大勢力になっていた政友会から選ばず、予備海軍大将の斎藤実《さいとうまこと》を任命したのである。ここに二大政党が交互に政権を担当する「憲政の常道」は崩壊したわけだ。これ以後、政党が基盤となる内閣の成立は、太平洋戦争終結を待たなければならない。

コラム

大正時代の元老

新たな元老会議

かつて明治時代に「次の総理大臣」を決めていた元老会議は大正時代も健在だった。しかし、その性質やあり方は実際には大きく変わっていくことになる。

大正天皇が践祚《せんそ》すると、改めて山縣・井上・松方・大山、そして桂太郎の五人に「重臣優遇」の詔勅が下った（伊藤はもちろん、西郷もこの頃には亡くなっている）。また、当時の総理大臣だった西園寺公望にも別に詔勅が下っている。こうして新たな元老会議の形ができた（桂はすぐに亡くなる）。なお、元老会議はもともと薩長閥による会議であり、西園寺は唯一の公家出身として例外であったことがよくわかる。

ところが、時の経過とともに元老たちが次々に亡くなっていく中で、唯一生き残ったのは、薩長とは無関係の西園寺だった。こういうところが歴史の面白さかもしれない。新たな元老が任命されることのないまま、「最後の元老」となった西園寺は官僚や政党が派閥抗争をする中での調整役を担ったとされる。

大正時代の終わり頃からは総理大臣の後継者についての下問のやり方も少し変わった。まず、天皇は内大臣に「次を誰にするか」と尋ね、その後、元老である西園寺が意見を述べる形式になった。これが昭和になると、内大臣だけでなく侍従長や首班候補者も集められ、重臣会議が行なわれることになる。

この頃になると、西園寺も老齢であり、以前のような政治力を発揮することができなくなり、ついには天皇が総理大臣の後継者について、直接、内大臣に尋ねるようになった。元老が介入する機会がなくなり、西園寺も昭和十五年（一九四〇）に亡くなったため、制度自体が消滅したのである。

第四章　挙国一致時代のナンバー2

「挙国一致」の夢と崩壊

明治維新以来、長年にわたって憲法・議会・政党を背景につくり上げられた政党内閣時代は終わった。満州問題など厳しい対外情勢に加え、投票買収などの汚職が横行するようになり、庶民の反発が高まったことも大きな原因の一つであった。野党側が与党政権をひっくり返すべく、スキャンダルを利用することもあり、ある種の自業自得ともいえた。

この危機の時代を前に標榜《ひょうぼう》されたのが、「挙国一致」であった。政党だけでなく諸勢力が手を組み、対立せずに国家を動かしていこうと声を上げたのである。しかし、挙国一致はあくまで理想論、あるいはスローガンであって、実際には以後も政争は続き、それぞれのビジョンは一致せず、ついに日本は戦争という破滅へ向かっていく。

挙国一致でつかの間の平和

斎藤実《さいとうまこと》は仙台藩領水沢城下に住む藩士の子として生まれた。上京して海軍兵学寮（海軍兵学校）に入り、卒業後に海軍軍人としてのキャリアをスタートする。

初代の米国駐在公使館付武官を経験しつつ出世を続け、山本権兵衛《やまもとごんべえ》海軍大臣の下で長く海軍次官を務めた。第一次西園寺《さいおんじ》内閣で自らが海軍大臣となり、ここから五代の内閣で同職を務めた。しかし、第一次山本内閣の時にシーメンス事件が起きると、この責任を取って辞職する。原内閣で朝鮮総督に任ぜられ、同化政策を方針として掲《かか》げて統治を行なう。ジュネーブ海軍軍縮会議に全権委員として参加したこともある。病のため、総督を辞任。枢密顧問官を経《へ》て朝鮮総督に再任していたが、五・一五事件を受けて総理大臣に就任することになった。彼を指名した元老・西園寺《さいおんじ》の思惑としては、混乱する情勢を挙国一致でまとめることにあったとされる。

斎藤内閣は「挙国一致内閣」の名の通り、立憲政友会・立憲民政党という対立する政党からそれぞれ入閣させ、軍人はもちろん、官僚勢力からも人を入れた内閣となった。これはいい意味では全体のバランスを取った内閣であり、悪い意味では各勢力の関係に左右されてしまう内閣とも言えた。

とはいえ、斎藤内閣は二年にわたって続き、小さくない成果も残した。内政においては公共事業による荒廃した地方の復興や産業・経済の復活に尽力し、昭和恐慌以前の状態にまで経済を取り戻すことに成功している（しかし、農村の根本的な問題解決にまでは至らなかったとも）。

対外的には、日本と満州の間で日満議定書を結び、満州国を独立国として承認せざるを得なくなり、そのため諸外国からの激しい非難を受けることになった。国際連盟において「満州国の主権は認めない」「日本軍はすぐに撤退すること」などの決議案が可決された。昭和八年（一九三三）三月、日本は連盟脱退を通告する。こうして日本は国際的な孤立の道を進むことになるが、少なくとも斎藤内閣の時代には外交的な努力が続けられ、すぐさま諸外国と険悪な関係にはならなかったとされている。

そんな斎藤内閣が倒れたのは、翌昭和九年の「帝人事件《ていじんじけん》」が原因である。帝国人造絹糸会社《ていこくじんぞうけんしがいしゃ》の株式売買をめぐる疑獄（大規模な贈収賄《ぞうしゅうわい》事件のこと）で、大蔵省幹部らまで起訴され、斎藤内閣は総辞職に追い込まれたのである。ただ、この事件は「検察ファッショ（ファシズム）」と呼ばれるほどに強引で不当なものであり、起訴された人はのちに全員が無罪になっている。背景には斎藤内閣の倒閣を目論《もくろ》む策謀があったとされる。策謀を企《たくら》んだ人々には、政友会や軍部の面々、そして枢密院《すうみついん》副議長で司法界・右翼の大物だった平沼騏一郎《ひらぬまきいちろう》がいる。

軍部に振り回される清廉な人

岡田啓介《おかだけいすけ》は福井藩士の子として生まれた。上京して海軍兵学校を卒業して海軍軍人となり、日露戦争の日本海海戦など数々の戦いに参加。海軍次官や連合艦隊司令長官を歴任したうえで田中義一内閣において海軍大臣を務めた。

大臣を辞任後は、軍事参議官（軍事に関係する諮問《しもん》機関の一員）となり、ロンドン海軍軍縮会議において、アメリカの要求する海軍軍縮を受け入れようとする浜口雄幸《はまぐちおさち》内閣および海軍省と、「国防に責任が持てない」と主張する海軍軍令部《ぐんれいぶ》（海軍の作戦立案等を行なう機関）の間に入って、どうにか条約締結にこぎ着けた。

斎藤内閣で再び海軍大臣となり、途中で辞任したが、斎藤内閣総辞職を受けて組閣《そかく》の大命を受けて総理大臣となった。

岡田を総理大臣に推薦《すいせん》したのは、前任の斎藤であった。他人からの批判を気にせず自分の信念に従って行動するところを評価したのだという。清廉《せいれん》な人であり、贈収賄問題で政治が揺れている直後だけにうってつけの人物だった。倒閣のきっかけともなった平沼を擁立《ようりつ》する動きを防ぐための人事という側面もあった。

岡田内閣は引き続き、スローガンに挙国一致を掲げたが、実際には立憲政友会が協力を拒否したので、官僚勢力に軸足を置く形になった。

また、岡田内閣では軍部・右翼からの突き上げが激しく、多くの点で譲歩せざるを得なかった。陸軍は満州の統治機構について、「関東軍、駐満全権大使（外務省）、関東長官（拓務省）を自分たちの下に置きたい」と要求した。関東長官を廃止することで妥協《だきょう》したものの、結局のところ、満州の実権はほとんど関東軍の手に落ちることとなった。また、ロンドン・ワシントン両海軍軍縮条約から離脱したのも、この内閣の時だ。

さらに、「天皇機関説問題」も起きた。これは貴族院議員の美濃部達吉《みのべたつきち》が主張した天皇機関説（「国家は統治権を持つ法人であり、天皇はその最高機関である」とする考え方。すなわち、統治権

〈すべての権力〉は国家にあり、天皇はトップではなく、国会や内閣と同じ国家の一機関にすぎないと説《と》いた。「国家法人説」がより正しい呼び名とされる）を、天皇主権説（天皇は単独で統治権を持つ絶対的な存在とする考え方）側に立つ議員が攻撃した事件だ。実際のところ、天皇機関説は明治末期から昭和初期まで憲法学における主流の考え方だったが、他方で軍部や右翼からたびたび攻撃の対象にもなっていた。昭和十年（一九三五）、当時の情勢も相《あい》まって、「天皇への不敬であり、大問題」として取り上げられたのである。

当初、岡田内閣はこの一件をさほど問題とは認識していなかった。しかし、軍部や右翼らの激しい反発を受けて、ついに天皇機関説とその支持者を排除せざるを得なくなり、二度にわたって天皇機関説を否定・排除する声明を出すことになってしまった。なお、ある意味で当事者の昭和天皇は、天皇機関説を問題だと思わず、軍部に不快感を示したという。

反乱軍の暗殺対象者

このように内閣の制御を超えて軍部や右翼らが暴走する情勢下で、昭和十一年（一九三六）二月二十六日に起きたのが、皇道派《こうどうは》と呼ばれる陸軍内部の派閥による武力クーデター「二・二六事件」である。

皇道派は革新的な思想を持ち、天皇を掲げて保守的な「現状維持勢力」の打破を目指す集団で、メンバーには理想に燃える青年将校らが目立った。一方、対立する統制派《とうせいは》は軍全体の統制を強めることを標榜し、現状維持を謳《うた》う勢力やその他の勢力とむやみに対決せず、利用して国防力を高めていこうと考えていた。犬養《いぬかい》・斎藤両内閣で陸軍大臣を務めた荒木貞夫《あらきさだお》は皇道派の代表的人物で、この頃は皇道派が優勢だったものの、次に陸軍大臣になった統制派の林銑十《はやしせんじゅう》郎《ろう》がその勢力を押さえ込もうとし、両派の対立が激化していた。

　二十六日未明、千五百弱の兵で挙兵した皇道派は、首相官邸をはじめ各所を襲撃し、大蔵大臣の高橋是清《たかはしこれきよ》や内大臣の斎藤実らを殺害した。総理大臣である岡田も命を狙われたが、襲撃者たちが秘書を岡田と勘違いしたおかげで、すんでのところで命を拾っている。永田町一帯を占領した反乱軍に対し、陸軍は当初対応に苦しんだ。彼らの主張に同情する向きも少なからずあったからだ。

　皇道派は昭和天皇の擁立を目論《もくろ》むが、当の天皇は信頼する重臣が襲撃された事態に激怒し、「自ら近衛《このえ》部隊を率いて鎮圧する」とまで口にしたといわれている。結果、陸軍は武力による鎮圧を決断し、対して挙兵後の方針や明確なリーダーを持たない反乱軍側は二十九日に投降して、事件が終わった。

　興味深い出来事として、天皇は奉勅《ほうちょく》命令として「元の部隊に戻れ」と発したが、現場判断で伝えられなかった。これは「反乱軍側が天皇の命令に従わなかった場合、その影響が大きい」

と結論づけたからと考えられている。自分たちの総司令官として擁する天皇の立場が揺らいでいたことがよくわかるエピソードだ。つまり、ナンバー2の総理大臣どころか、ナンバーワンの権威さえも危うくなっていたわけである。

事件後の「粛軍《しゅくぐん》」によって皇道派寄りの軍人は排除され、代わって統制派が陸軍の実権を掌《しょう》握《あく》した。彼らはクーデター事件の衝撃を活用することで、次の広田弘毅《ひろたこうき》内閣の組閣に干渉した。のちに総理大臣を務める吉田茂《よしだしげる》などが入閣予定だったにもかかわらず、吉田らが親米英派・自由主義派であったことから、寺内寿一《てらうちひさいち》陸相の反対に遭《あ》い、取り消しになっている。

なお、この時の人選については重臣会議において平沼騏一郎が推されたものの、元老の西園寺が強く反対している。西園寺自身は近衛を二度にわたって推薦したが、近衛が健康を理由に辞退（二・二六事件直後の軍部との折衝を嫌ったからとも）したため、広田に白羽《しらは》の矢《や》が立ったのである。

軍部の横やり

広田弘毅は福岡の石材店に養子として入った父親のもとに生まれた。生家はあまり裕福でなかったことから士官学校を目指したが、上京後、第一高等学校（東大教養学部の前身）、東京帝国大学法科大学で学び、外交官となる道を選んだ。以後、中国やイギリス、アメリカ、オランダ、ソ連へ赴任《ふにん》し、日本の外交に深くかかわった。
斎藤内閣で途中から外務大臣を務め、続く岡田内閣でも留任。二・二六事件が起きて内閣が倒れたため、組閣の大命を受けるも組閣人事に対して軍の干渉が激しく、広田が妥協《だきょう》することによって、どうにか組閣をし終えた。

広田内閣では、皇道派系の将官が政治的な復活を阻止するという大義名分から、軍部大臣現役武官制が復活し、いよいよ軍部による政治への影響力が強まった。

昭和十二年（一九三七）一月に起きた「腹切り問答」事件がきっかけで、広田内閣は崩壊した。事件の経緯は次のようなものだ。衆議院本会議で立憲政友会の浜田国松議員と陸軍大臣の寺内寿一の討論中、浜田が軍部の政治介入を非難したところ、寺内が「（浜田の発言に）軍人への侮蔑《ぶべつ》があった」と主張した。浜田は寺内の発言に対して、「そんな言葉があったなら、腹を切って謝罪する。なかったら、そちらが腹を切れ」と返したことに端を発する。

議会は停会となり、寺内陸相が辞意を表明し、総辞職となった。二・二六事件後、政党政治も崩壊し、全体的に政党は軍部に対して押され気味だったが、この事件は少なからず軍部に一撃を与えることになった。ただ、あくまで突発的な出来事であり、政党の力を増す方向へまではつながらず、結局、軍部はこの後も勢力を拡大していくことになる。

宇垣内閣流産事件

軍部の強さを象徴する出来事として、続いて起きたのが「宇垣《うがき》内閣流産事件」である。広田の次の総理大臣として後備役陸軍大将・宇垣一成《かずなり》に白羽の矢が立った。宇垣は備前国《びぜん》（岡山県）の農民の子として生まれ、上京して陸軍士官学校に入って軍人になった。大正十二年（一九二三）、陸軍次官に就任。以降、第一次・第二次加藤内閣、第一次若槻《わかつき》内閣、浜口内閣で陸軍大臣を務める。また、昭和六年（一九三一）、陸軍のクーデター計画「三月事件」で首班に擁立されそうになるが、クーデターは未遂に終わり、実現しなかった。

西園寺は宇垣を総理大臣に据えることで軍部を押さえ込もうとしたが、宇垣の軍部への影響力はこの時点でさほどなかったらしく、むしろ軍部内に激しい反発が生まれた。陸軍で中枢を占める幕僚や石原莞爾《いしはらかんじ》陸軍大佐（当時の参謀本部における実力者）らが反対し、「総理大臣になるなら陸軍大臣を推薦しない（結果として組閣できない）」と宇垣に脅しをかけてきたのである。宇垣はこれに従わず組閣を進めたが、ついに陸軍大臣の候補の辞退が続き、組閣の大命を拝辞せざるを得なくなってしまった。

西園寺らは続く候補として、枢密院議長の平沼騏一郎を考えたが、平沼が辞退したため、予備役陸軍大将の林銑十郎を指名した。実は、この人選は宇垣内閣流産事件で主導的な役目を担った石原莞爾の思惑通りであり、彼らが西園寺に働きかけた結果であるという。石原は軍部が操りやすい総理大臣を擁立しようと企んだのである。まだ首相（太陽）になってはいないにせよ、「政界の惑星」と称えられ、実力はあると考えられていた宇垣よりは、林の方が自分たちにとって都合がいい。そう考えて事件を起こしたわけだ。

成果のなかった越境将軍

林銑十郎は旧加賀藩士の家に生まれ、金沢にあった第四高等学校（金沢大学の前身）に入るも、日清《にっしん》戦争が始まると中退、陸軍士官学校を経て陸軍軍人となった。陸軍大学を卒業したエリートであり、閑職《かんしょく》へ回っていた時期もあるが、順調に出世。長州閥《ばつ》に批判的な軍人たちからの支持も得ていたようだ。満州事変の際には、独断で国境を越えて満州へ侵攻したため、「越境将軍」と呼ばれたという。当初は皇道派、のちに統制派とつながりを持ったが、その後どちらとも関係が切れている。また、石原グループにも近づいたが、内閣成立前後には距離を取ったようだ。

なお、この林はそもそも宗教結社「大道社」を率いて宗教色が強く、政綱《せいこう》（スローガン）にも「祭政一致」を掲げるような人物であった。

また、満州の利権をめぐって財界と軍部が対立していたので、林内閣は両者の利益を合致させるための政策を進めようとしている。しかし、七カ月というごく短命の政権で終わったので、望んだような成果は残せなかった。唐突に解散総選挙を行ない、結果として対立する民政党・政友会の大勝利を招いて、元老や平沼、軍部らに見限られた。背景には、そもそも林は組閣時から政党と絶縁・対立状態にあり、議会でも対立していたため、その勢力を削《けず》るために選挙を行なったが勝てなかった事情がある。

この林の次に担ぎ出されたのは、将来を嘱望《しょくぼう》された若き華族であった。

プリンス総理の登場

近衛文麿《このえふみまろ》は近衛家当主・篤麿《あつまろ》の長男として生まれた。近衛家といえば、多数存在する藤原一族の中でも特に摂政《せっしょう》・関白《かんぱく》になることを許された五摂家、その筆頭に数えられた家である。明治以降は華族として五爵《ごしゃく》（公・侯・伯・子・男爵位）位の最上である公爵《こうしゃく》を与えられている。

文麿は十四歳の時に父を失い、近衛家当主の地位と爵位を受け継いだ。東京帝国大学哲学科に入り、京都帝国大学法科に転じたが、この在学中に貴族院議員になっている。昭和八年（一九三三）に貴族院議長となった頃から「首相候補」と目されるようになり、実際、昭和十一年に岡田内閣が倒れると、西園寺の推薦によって大命降下があったものの、断わっている。林内閣退陣後は満を持しての出馬と言っていいだろう。

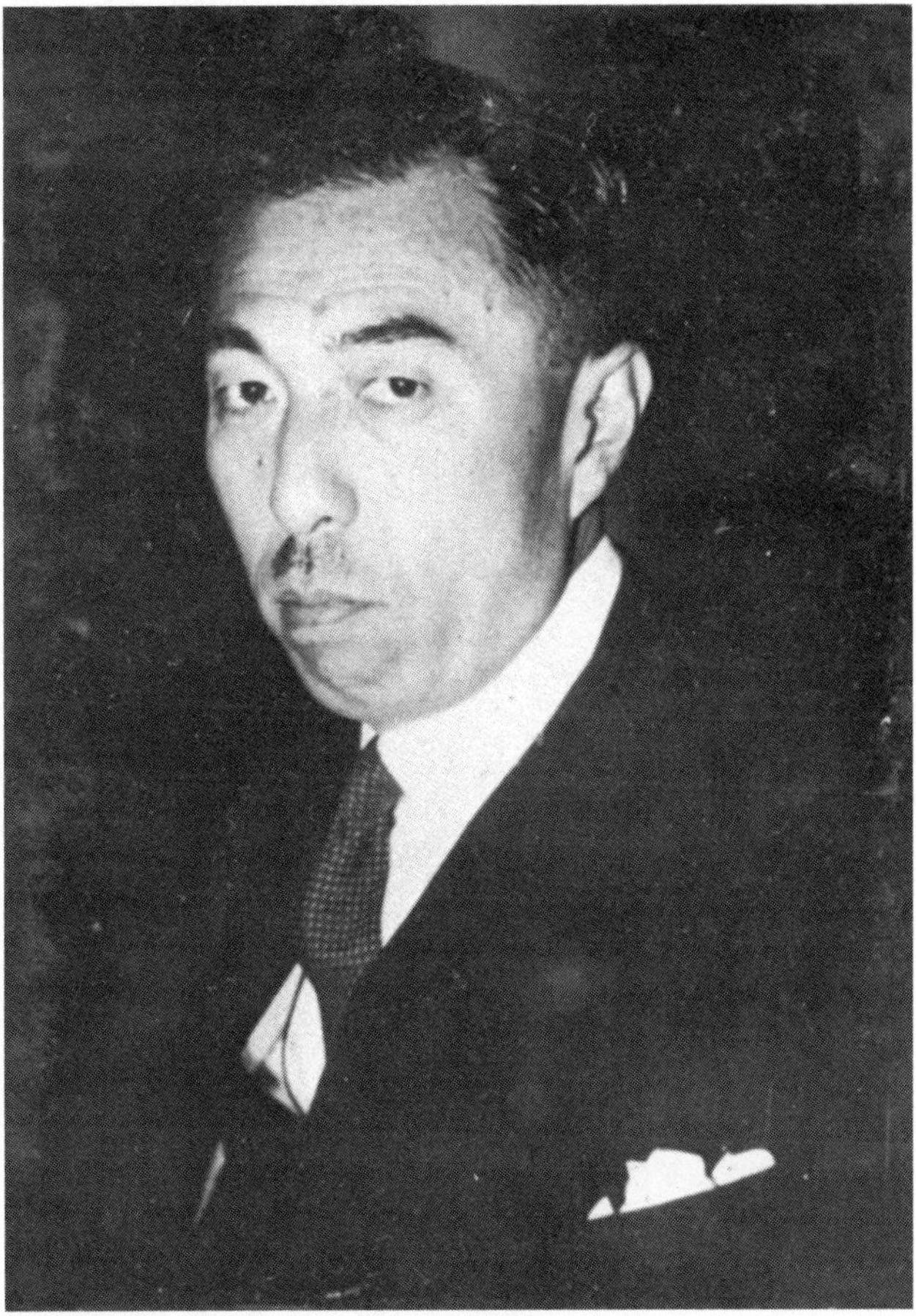

近衛文麿（『歴代首相等写真』国立国会図書館蔵）

近衛内閣の時、太平洋戦争につながる日中戦争が始まった。始まりは北京郊外、盧溝橋《ろこうきょう》での武力衝突（盧溝橋事件）であった。現地の日中両軍間で停戦が成立し、近衛自身も不拡大の方針を打ち出したにもかかわらず、実際には国家総動員法を成立させるなど強硬路線を主張し、各政党やマスコミもこれを支持した。結果、中国国民党軍が上海の日本租界を攻撃した第二次上海《シャンハイ》事変をきっかけに国民党軍と激突した海軍も強硬な姿勢をとるようになり、中国の首都・南京《ナンキン》への爆撃が実行され、日中戦争が始まる。

日中戦争については講和のチャンスもあった。しかし、当時の中国側における政権である国民政府が日本側の提示する厳しい条件に難色を示すや、近衛内閣はすぐさま「以後、国民政府を相手にしない」と強気の態度を示して交渉を打ち切ってしまった。これは早期に勝利へ持ち込める見通しがあったからだが、国民党がライバル関係にあった共産党と手を組んで粘《ねば》り強い戦いを展開したことで、戦争は泥沼化してしまう。内閣内部での対立もあって、第一次近衛内閣は退陣してしまった。

ファシズムの総本山

平沼騏一郎は美作国《みまさか》（岡山県）津山藩士の次男として誕生した。上京して東京大学予備門に入学、帝国大学法科大学卒業後、司法省に入る。以後、司法の世界で活躍し、本書でも扱った大逆事件やシーメンス事件などにもかかわった。

平沼は第二次山本内閣の司法大臣を務めていたが、内閣が解散後には右翼団体の国本社《こくほんしゃ》を率いる思想家として注目されるようになっていく。本書で紹介した人物では、田中義一内閣で内大臣を務めた鈴木喜三郎《すずききさぶろう》や、宇垣一成、また日本海海戦で活躍した東郷平八郎《とうごうへいはちろう》も国本社に参加している。構成員はおもに司法・内務関係者と軍人だった。

司法官僚時代から国粋《こくすい》主義者であった平沼は、国本社を率いて日本精神主義・国粋主義を広めるべく活動し、不況に苦しむ日本社会における愛国精神高揚の流れに乗り、また少なからず雰囲気の醸成に貢献した。世間は国本社を「日本ファッショ（ファシズム）の総本山」とみなしたという（国本社は平沼が枢密院議長になった際に解散）。

平沼は貴族院議員から副議長となり、また枢密諮問官、そして枢密院議長を歴任していく。先述したような世情もあり、復古主義や現状打破意識を持つ官僚や軍人から支持された。平沼はたびたび総理大臣候補として名があがったが、西園寺がその政治スタンスを嫌ったため、実際に就任することはなかった。しかし、枢密院議長就任後、近衛文麿が平沼を指名したこともあり、西園寺もついに折れ、大命降下となったのである。

独ソの事情で総辞職

さて、平沼内閣は第一次近衛内閣から七人が留任し、近衛前総理大臣さえも無任所大臣（特定の省を担当しない大臣）という閣僚で残るなど、近衛内閣をそのまま継承した内閣という印象が強い。設立時には週刊誌が「平沼・近衛交流内閣」と名づけている。

実態としては、「現状打破」的・「革新」的な政策はほぼ行なわれなかった。国内においては、市場価格の安定を目的に政府が米の数量調整を行なう「米穀配給統制法」や国民を軍需産業等に強制的に動員できる法律「国民徴用令」が制定され、挙国一致体制は整備されたものの、諸勢力の対立を調停するのに精いっぱいであったようだ。結果、平沼は総理就任以前とは正反対の現状維持側の人間であるとみなされるようになっていく。

そのような中、対外事情はいよいよ風雲急を告げてくる。国民政府の抵抗は頑強で日中戦争は泥沼化して、手詰まりになってしまった。

一方で、陸軍が強い意志を示したのが、広田内閣の時に結ばれていた日独防共協定を強化し、三カ国（イタリアが参加）で軍事同盟を結ぶことであった。これは文字通り、共産主義、つまりソ連の脅威に対抗するためのものであったが、海軍や外務省は「アメリカやイギリスとの対立が避けられなくなる」と激しく反対した。そのうち、満州とソ連の国境で日ソ両軍が武力衝突するノモンハン事件が発生、陸軍は大敗してしまう。それだけでなく、戦闘中にドイツとソ連が独ソ不可侵条約を結んだため、ドイツと結んでソ連と戦う計画も三国同盟も水泡に帰すこととなった。

結局、平沼は対外状況に振り回された末、「欧州の天地は複雑怪奇」と言い残して、総辞職したのである。後継には穏健・中立的姿勢だった陸軍予備役大将の阿部信行《あべのぶゆき》が推された。

評価は弱体で無能な内閣

阿部信行の経歴は、三十三代首相の林銑十郎によく似ている。旧加賀藩士の家に生まれ、金沢にあった第四高等学校に入るも、日清戦争が始まると中退し、陸軍士官学校を経て陸軍軍人となった。陸軍大学校も卒業している。

陸軍軍人としては大規模な戦争に直接かかわる機会がなく、参謀本部、あるいは軍務局で軍政方面の仕事に従事した。さらに陸軍次官になり、陸軍大臣の代理を務めたこともある。皇道派・統制派の派閥抗争にかかわることはなかった。陸軍大将についたのち、二・二六事件後に責任を取って予備役入りしている。

阿部内閣には「木炭内閣」なるあだ名がつけられた。木炭は木炭自動車の意味で、効率が悪く、動きも鈍《にぶ》い、そんなたとえになっている（「木炭自動車内閣」とも呼ばれたようだ）。なぜ、このようなあだ名をつけられたのかといえば、支持基盤になるはずの陸軍が協力しなかったことが一因だ。阿部が穏健派の軍人であっただけでなく、組閣についても比較的リベラル寄りの人材を集めた経緯もあった。

最初から弱体政権として始まった阿部内閣だったが、世界の情勢はいよいよ混迷を増し、大いに翻弄《ほんろう》されることになった。何しろ、総理大臣になったのが昭和十四年（一九三九）八月三十日で、二日後にはドイツのポーランド侵攻によって第二次世界大戦が始まっている。

阿部内閣はアメリカやイギリスとの対決を避ける必要もあって、ヨーロッパで始まった大戦には介入しなかった（就任時に昭和天皇はわざわざ英米への協調を言明したという）。しかし、アメリカとの外交交渉ははかどらず、ついに日米通商航海条約を破棄されるに至った。

内政においても、日中戦争の長期化を受けて高騰する物価を抑え込むために価格等統制令を発したものの、むしろ闇取引が活発化して逆に物価が上がる。また、米英との関係悪化を受けて（また陸軍の要望もあって）貿易省を設置する予定が、外務省の激しい反発により頓挫《とんざ》するなど、なかなか成果が出なかった。

結果、味方を失った阿部は議会に内閣不信任案を出され、陸軍・海軍両大臣から決断を求められ、就任から五カ月持たずに総辞職へ追い込まれてしまったのである。

次の総理大臣については近衛文麿の再登板のほか、幾人かの候補が上がり、特に阿部内閣の陸相だった畑俊六《はたしゅんろく》が本命と目されたものの、昭和天皇の強い支持を受けた海軍大将の米内光政《よないみつまさ》が選ばれた。

海軍良識派の大将

米内光政は旧南部藩士の家に生まれた。海軍兵学校に学んで海軍軍人となり、海軍大学校も出ている。第一次世界大戦の時にちょうどロシア駐在中で、革命を目の前で見た。さまざまな艦船の艦長や各地の司令長官を歴任して出世し、林内閣で海軍大臣に就任（その後、第一次近衛内閣・平沼内閣で留任）、海軍大将にもなった。平沼内閣が総辞職した時に軍事参議官へ退いている。ちなみに、軍事参議官は天皇の諮問機関「軍事参議院」を組織する元帥・陸海軍大臣・参謀総長・海軍軍令部長・専任軍事参議官（親補された陸海軍将官）がメンバーであり、陸海軍間の調整等を求められたが、実際にはあまり役立たなかった。

米内が総理大臣になったのは、海軍大臣時代の政治的姿勢が決め手だったようだ。米内は同じ海軍大将で盟友の山本五十六《やまもといそろく》とともに日独伊三国同盟への強硬な反対派であり、一時的だが交渉を頓挫させている。昭和天皇が彼に大命降下を行なったのも、そのことが背景にあったと考えられる。もっとも、米内自体は大命を辞退したいと考えていたらしい。なお、総理大臣就任にあたって、「現役のまま大臣に」という海軍の要請に逆らい、「総理大臣は文民だから」と、わざわざ予備役へ入っている。

軍部の暴走を招いた反陸軍のスタンス

米内内閣では、第一次近衛内閣以来の政策として傀儡《かいらい》の南京政府をつくって改めて講和の実現を目指すなど、ある程度の成果は出した。しかし、その手腕には疑問を持たれ、特に天皇の要望を受けて反陸軍・反三国同盟のスタンスを持っていたために陸軍他の激しい政治的攻撃を受けることになる。

きっかけになったのは組閣の翌月、斉藤隆夫議員の演説だった。この時、斎藤議員が日中戦争について「聖戦と呼ぶべきではない」と主張。これが陸軍の反発を受け、ここに近衛文磨らも加担し、米内を総理大臣の椅子から追い落とす動きが加速した。

ヨーロッパでは、同年の四月からドイツ軍の躍進が始まり、六月十四日にはフランスのパリが占領されている。このような状況を見た陸軍が、やはりドイツと手を組むべきと考えたのは無理のないことでもあった。親独勢力が「バスに乗り遅れるな」のスローガンの下、「時流に取り残されてはならない、ファシズムこそが勝利するのであり、ドイツ・イタリアと手を組むべき」と大いに主張したのである。ただ、九十二歳で存命だった西園寺は情勢を見て、「最終的にはイギリス側が勝利するのではないか」と語ったといわれている。

陸軍大臣の畑はもともと総理大臣の有力候補だった人物で、また米内内閣組閣時には天皇から米内に協力するようにといわれていた。陸軍はこの畑を辞職させ、代わりの候補を出さない、つまり軍務大臣現役武官制を悪用して、米内内閣を袋小路へ追い込むことに成功した。

わずか六カ月で米内内閣が倒れると、近衛が重臣会議の指名を受け、第二次近衛内閣を組閣することになった。なお、近衛はこの頃すでに新体制運動（ナチスや共産党などを見習った、全体主義の国民組織をつくろうとする動き）を進めており、運動はのちに「大政翼賛会《たいせいよくさんかい》」という形で結実する。既存政党が解散・合流する成立した翼賛会の実態は、寄せ集めの集団にすぎなかった。それでも、国民を戦争に動員するにあたって大きな役割を果たし、さらに野党が消滅して日本が明治期以来展開してきた立憲政治を形骸化《けいがいか》させてしまった点は、歴史上重要な出来事であろう。

重臣会議と内大臣

米内内閣の総辞職後、西園寺が次期首相選定への関与を断ったため、重臣会議が開かれた。この年（昭和十五年）に西園寺は亡くなっており、以後、終戦まで重臣会議によって後継総理が決まることになる（西園寺の生前は彼との相談というプロセスも残っていた）。

会議に参加したのは名前の通り重臣たちで、具体的には内大臣、枢密院議長、そして総理大臣経験者たちである。彼らは総理大臣の人選だけでなく、のちに開戦決定のような重要な国策についても意見を求められることになるが、政治への干渉を極力控えるべく、会議はあくまで重臣の了解を取る場になっていた。

重臣会議では内大臣の木戸幸一《きどこういち》が大きな存在感を持った。木戸は名前の通り、維新の三英傑の一人、木戸孝允《たかよし》の孫にあたる。京都帝国大学法科大学政治学科を卒業後、農商務省に入って官僚になり、のちに内大臣秘書官長になるが、一方、その間に亡くなった父の跡を継いで侯爵、貴族院議員になっている。第一次近衛内閣で文部大臣（その後、厚生大臣兼任、専任になる）、平沼内閣で内務大臣になった後、西園寺の要望で内大臣（天皇の補佐役。宮中に設置された役職）になった人物である。戦中における昭和天皇の最側近であり、重臣会議を通して総理大臣の指名にも大きな発言力を持った。この人もまたナンバー2的存在に数えうると感じたので、ここで紹介した。

プリンスが導いた開戦への道

近衛は再び総理大臣になるや、頓挫していた日独伊三国同盟の締結に着手。九月に同盟を結ぶに至り、いわゆる枢軸《すうじく》陣営の結束が強まっていくことになる。

また、近衛内閣では日本を中心にしたアジア諸国が共存共栄する「大東亜共栄圏確立」が提唱され、南方すなわち東南アジアへの進出が始まった。三国同盟締結と同じ九月にドイツ支配下にあったフランス（ヴィシー政権）からインドシナの権利を譲り受けて北部仏印（フランス領インドシナ北部）への進駐を開始している。これは「援蔣ルート」《えんしょう》と呼ばれる、イギリスやアメリカによる蔣介石《しょうかいせき》（国民政府主席）への支援ルートを塞《ふさ》ぐための進出でもあった。

以上のような日本の振る舞いは連合国側に与《くみ》するアメリカの反感と警戒を買うようになった。近衛はアメリカと戦争をする気はなく、まず民間ルートで、続いて正規の外交ルートを通じ、日米交渉を展開して対立を平和裡《へいわり》に解決しようとした。しかし、時の外務大臣・松岡洋右《まつおかようすけ》は対米強硬派であり、彼の存在が交渉において問題になると、近衛は内閣総辞職を決断する。政権を放り出したのではなく、当時の決まりで大臣を本人の意思と関係なく辞めさせることができなかったので、いったん総辞職して松岡を閣外へ放り出そうとしたのだ。近衛に三度《みたび》、大命降下がなされることまで織り込んだ、文字通りの裏技である。

第三次近衛内閣で改めて日米交渉が模索されたが、一方で北部仏印に続いて南部仏印への進駐も開始され、いよいよアメリカを刺激することになってしまう。アメリカは日本への石油輸出を全面的に禁止し、またイギリス（Britain）・中国（China）・オランダ（Dutchland）とともにＡＢＣＤ包囲網を結成し、経済的に日本を締め上げる戦術を選んだ。

それでも日米交渉は続いたが、日中戦争へのイギリス・アメリカの不介入を望む日本と、中国からの日本軍撤退を要求するアメリカの要求はまったく噛《か》み合わなかった。近衛は時のアメリカ大統領のフランクリン・D・ルーズベルトとの首脳会談に望みをかけたが、結局、実現しない。

軍が機能するために不可欠な物資「石油」を押さえられ、陸軍は対米強硬論に傾き、九月六日の御前会議で「十月上旬までに日本側の要求が認められなければ、ただちに開戦する」という方針が決まった。それでも首脳会談を模索する近衛に対して、陸軍は交渉打ち切りを主張。陸軍大臣の東条英機《とうじょうひでき》が開戦を迫る中、近衛は戦争について「自信がない」と訴えたのち、総辞職してしまった。

戦争に引き込んだ張本人?

東条英機は東条英教《ひでのり》陸軍中将の子として東京で誕生した。陸軍士官学校を出て自身も陸軍軍人になり、陸軍大学校も出ている。陸軍ではさまざまな役職・部署を歴任し、日中戦争が始まった際には関東軍参謀長という立場ながら自ら兵を率いて、中国北部の内蒙古《うちもうこ》へ進出している。第一次近衛内閣の時に陸軍次官となり、「かみそり東条」の異名《いみょう》で、有能ぶりを発揮した。第二次および第三次近衛内閣では、陸軍大臣を務め、対米開戦を主張して近衛と対立。内閣総辞職の一因となった。

自らの内閣では総理大臣に加えて陸軍大臣に留任し、また内務大臣も兼任した。東条は第三次近衛内閣時代に開戦を主張したが、総理大臣就任後、昭和天皇から「(昭和十六年)九月六日の御前会議にとらわれることなく国政の根本を決めるように」と指示を受けている(開戦に傾いている国内体制の再検討を命じた勅命で「白紙還元の御諚《ごじょう》」と呼ばれる)。結果、日米交渉は継続となった。とはいえ、開戦の方針を完全に撤回したわけではなく、軍部と政府それぞれの首脳による大本営政府連絡会議での議論を受けて、「十二月一日までに交渉がまとまらなければ開戦」になった。

日米交渉は続けられることになったが、アメリカ側は日本への不信感を隠さず、十一月二十六日に最後通牒《つうちょう》の「ハル・ノート」を突きつける。「中国・仏印からの撤退、満州国の解消」を含む強硬な要求であり、当時の日本からすれば、決してのむことはできなかった。十二月一日の御前会議で開戦が決定、同八日にハワイ真珠湾攻撃およびマレー半島上陸作戦が実行され、太平洋戦争が始まった。

開戦当初、日本軍の躍進はめざましかった。アメリカ・イギリス両軍の艦隊に海戦で大打撃を与え、フィリピン、マレー半島、オランダ領東インド(インドネシア)、ビルマ(ミャンマー)を次々に占領した。東条は鎌倉時代の外敵「元」を撃退した北条時宗《ほうじょうときむね》になぞらえて称賛されたという。

一連の勝利が生み出す熱狂の中の昭和十七年（一九四二）四月、東条内閣は総選挙を実施する。いわゆる翼賛選挙（政府が支援する団体が定員数上限の候補者を推薦する）で、推薦した候補者が定員の八割強当選し、選挙後には挙国一致の政治団体「翼賛政治会」が結成された。もちろん、推薦されずに当選した政治家もいて、戦前から活躍していた尾崎行雄や戦後の政界で活躍する鳩山一郎《はとやまいちろう》や芦田均《あしだひとし》、片山哲《かたやまてつ》などの名が見える。

連戦連勝の日本軍だったが、六月のミッドウェー海戦で敗北。この敗戦をきっかけにアメリカが投入する物量の前に日本軍は各地で苦戦が続き、撤退や全滅といった結果が目立つようになる。

劣勢の中で東条は国内の統制を強め、陸軍大臣、内閣総理大臣、内務大臣、外務大臣、文部大臣、商工大臣、軍需大臣、さらには軍における参謀総長までも兼任して絶大な権力を握った。これは軍事と政治、あるいは陸海軍の対立が目立っていたことへの対策であったが、東条の専制であるという不満の声も強まっていく。

さらにいよいよ劣勢が強まり、昭和十九年六月にマリアナ沖海戦での敗北、七月にはサイパン島の陥落によって、国防上必ず守るべきライン「絶対国防圏」が破れる。これにより、国家的な危機が鮮明になり、東条下ろしの声が高まった。東条は参謀総長を専任にしたり、重臣の入閣を目論んだり、延命工作を図った。

東条英機(『歴代首相等写真』国立国会図書館蔵)

挙国一致という天皇の内意もあり、重臣の入閣は必須《ひっす》だったが、平沼騏一郎の邸宅に若槻、岡田、広田、近衛、米内と、この時点で生存している首相経験者が集まって会合が開かれ、「東条更迭《こうてつ》」の意見が決議され、木戸内大臣を通して昭和天皇へ伝えられ、東条はついに総辞職へ追い込まれたのである。

戦況悪化を防げぬまま

小磯国昭《こいそくにあき》は旧新庄《しんじょう》藩士の子として生まれた。陸軍士官学校に入って陸軍軍人になり、陸軍大学校も出ている。シベリア出兵に参加、三月事件（陸軍中堅将校によるクーデター計画）や満州事変にも関係するなど、大正から昭和初期にかけての重大な事件にいくつもかかわっていた。陸軍次官を務めていたこともある。派閥としては宇垣一成の勢力に与《くみ》していたとみなされている。陸軍大将となった後に予備役へ入り、平沼内閣と米内内閣で拓務大臣を務めた。

東条内閣が総辞職した時には朝鮮総督を務めていて、太平洋戦争のことについても国内についても責任ある立場ではなかった。一方で、東条下ろしにかかわった重臣たちは誰も自分が矢《や》面《おもて》に立つ気はなかったようで、結果、国土防衛の点などから陸軍から選ぼうと木戸内大臣が意見を述べた。ただし、戦況が混沌《こんとん》とする中、前線から司令官を引き抜くことは難しいと考え、予備役の小磯に決まったのである。

東条の退陣を受けて組閣された小磯内閣ではあるが、先にあげたような事情から能力を買われての人選ではない。組閣に際して、米内光政を海軍大臣および副総理大臣に任じて両者で協力すべしという大命が降っている（近衛の提案。そもそも最初、重臣に推されたのは米内だった）。また、小磯としては陸軍大臣兼任を望んだがかなわず、陸軍大臣には杉山元《すぎやまはじめ》が選ばれた。

当時の日本にとっての最大の問題は、なんといってもほぼ目前に見えつつあった敗戦への対応であった。劣勢は明白だが、小磯としては「一撃を与えたうえでの有利な条件での講和」を考えていたようだ（それさえも会議で堂々と話題に出せるような空気ではなかったという）。そこで小磯は政府と軍部の間の連絡調整機構であった大本営政府連絡会議を新たに最高戦争指導会議とし、政府と軍部の一体化を目指す。しかし、ここでも統帥権はあくまで独立したものとみなされ、戦争の主導権は大本営にあって、小磯の模索はうまくいかなかった。

戦況は刻一刻と悪化する。絶対国防圏が破れた結果、アメリカ軍のB29爆撃機による本土空襲が始まり、多くの被害が出るようになった。太平洋上の戦線も次々崩壊し、ついには沖縄本島にアメリカ軍が上陸してくる。

小磯内閣は「一億国民総武装」を主張して十六歳の少年も兵役につかせ、また「一億玉砕《ぎょくさい》」を訴えて本土決戦に備えた。そのかたわら、和平工作も計画していた。小磯はソ連を仲介役とする講和（当時、日ソ中立条約が結ばれていた）や、国民党政権との講和を目指したが、軍部をコントロールできなかったため、どれもうまくいかない。和平工作の失敗が理由となり、昭和二十年（一九四五）四月七日、内閣は総辞職へ追い込まれる。ちょうどこの日は日本海軍の象徴的な存在であった戦艦大和《やまと》が沈んだ日であり、またソ連が中立条約を延長しないと通告してきた日でもあった。戦争は終わりに近づいていたのである。

ちなみに、この時期のトピックとして、近衛文麿による近衛上奏文の提出がある。二月、昭和天皇は七人の重臣にそれぞれ意見を求めた。そのうちの一人である近衛が一刻も早い戦争終結を訴えたのが、いわゆる近衛上奏文である。近衛は上奏文、すなわち意見書の中で「もはや敗戦は必至」としたうえで、「共産主義勢力の脅威と、戦争を通して共産主義革命を実現しようとしている軍部統制派の一掃」を訴えた。

近衛および彼に協力する軍部皇道派が唱えていた意見であり、皇道派らは統制派のトップであった東条率いる内閣崩壊後、次期政権を担うべく政治的活動を行なっていたが、木戸内大臣の同意を得られなかったこと、何よりも昭和天皇に皇道派への不信感があったことが原因になり、成果を得ることはできなかった。

天皇の不信感を払拭《ふっしょく》するため、自分たちの真意を伝えればよい。そのように考えて、近衛は一見すると奇妙な内容の上奏文を提出したという説があり、大いに説得力を感じる。国家を取り巻く状況が何者かの陰謀によって構成されていると信じるのも、また自分たちの真意が伝わりさえすれば、味方をつくることができると信じるのも、現代の陰謀論者に通じるところがあって、興味深い。また、天皇というナンバーワンを手中に収めたい、と企むことは幕末の頃を連想させる。かたや、昭和天皇は政治的行動を最小限にしながらも独自の意思を持っており、近衛が神輿《みこし》として担ぐことはできなかったのである。

大戦を終わらせた男

鈴木貫太郎《すずきかんたろう》は関宿藩《せきやど》久世《くぜ》家の家老の子として誕生した。海軍兵学校に入って海軍軍人になり、海軍大学校も卒業している。多くの艦船の艦長職を経験して海軍大将まで上り、連合艦隊司令長官、海軍軍令部長を務めた。その後、予備役に入って侍従長兼枢密顧問官となり、長く天皇のすぐ近くで仕えた。二・二六事件では襲撃を受け、重傷を負っている。

侍従長を辞任後、枢密院副議長、枢密院議長となった。鈴木はここまで登場してきた軍人出身の総理大臣たちのように陰謀にかかわることはなく、実直・誠実な人間であるとみなされていた。実際、小磯内閣総辞職後に推薦された際には、自身の高齢（七十七歳）および軍人の身分から政治にかかわることを嫌い、一度は就任を断わった。しかし、重臣会議は「侍従長として昭和天皇の信頼が厚い彼なら戦争を終わらせるのに適任であろう」と考えて、総理大臣に推薦したのだとされている。

このように戦争終結を期待され、鈴木は総理大臣になったが、すぐさま和平工作というわけにはいかなかった。軍部の反発が根強く、また鈴木としても一撃講和が諦めきれなかったようである。

しかし、沖縄での戦いが敗北に終わり、ヨーロッパではドイツが降伏する中、ついに鈴木としても講和へ舵を切らざるを得なくなる。沖縄戦に本土空襲と、もはや戦争の遂行は不可能であり、どうあっても講和しなければいけないと決意したようだ。しかし、統帥権問題もあって総理大臣の権力で軍部を抑えることはできず、聖断（天皇による決断）による戦争終結を求めることになった。講和が決断されたのは七月二十二日の御前会議である。

この時、決まったのはソ連の仲介による講和であり、そのため七月二十六日のポツダム宣言（アメリカ、イギリス、中国三カ国による降伏勧告の宣言）を黙殺することになり、またマスコミに対しても戦争継続を主張した。このことは連合国軍側からすれば、さらなる攻撃のための大義名分にほかならず、八月六日・九日と二度の原爆投下、九日のソ連の参戦を招くはめになった。ソ連側に講和仲介の意思がなかったことも含めて、裏目に出たというしかない。

八月九日のソ連参戦から間もない十日未明。御前会議でポツダム宣言の受け入れが決まり、十四日には再び終戦の聖断が下って、太平洋戦争は日本の敗北で終わったのである。この責任を取って鈴木が内閣総辞職したのはいうまでもない。

開戦に抵抗した現場のトップ

ここまで、政治家と天皇の目から戦前・戦中の日本を見てきた。しかし、当時の日本を動かしていたのは必ずしも彼らではないことも同時に見えてきただろう。軍人の存在は大きく、また総理大臣ではコントロール仕切れない部分があった。そこで、本章の最後に、軍人側で特に名前が知られていた人物を取り上げてみよう。開戦時の連合艦隊司令長官、山本五十六《やまもといそろく》である。

山本は旧長岡藩士・高野貞吉《たかのさだよし》の六男として誕生した。この時、父はすでに数えで五十六歳になっていたので「五十六」と命名したといわれ、あまりにも有名なエピソードである。

長岡中学から海軍兵学校を卒業して軍人となり、日本海海戦にも参加している（この時、乗り込んだ装甲巡洋艦日進《にっしん》が被弾し、重傷を負う）。海軍大学校に入って将校になり、この時期に戊辰戦争で活躍した長岡藩家老の山本帯刀《たてわき》の家系が断絶していたのを継承し、「山本五十六」を名乗る。

エリートコースに乗った山本はアメリカ駐在も経験し、その中で当時大いに発展を見せていた航空分野に着目。霞ヶ浦《かすみがうら》海軍航空隊教頭兼副長になっている。以後、アメリカ大使館付武官や軽巡・空母の艦長、海軍航空本部技術部長、第一航空戦隊司令官、海軍航空本部長など要職を歴任し、日本海軍における航空戦力を列強諸国と比べても見劣りしないレベルへ向上すべく大いに貢献した。その背景には、彼が早い時期から航空機を「国防の主力」と見なしていたことがあるようだ。なお、第一次ロンドン軍縮会議の随員にも名を連ね、第二次ロンドン軍縮会議の予備交渉では日本代表を務めた。

林内閣・第一次近衛内閣では米内海軍大臣の下で海軍次官を務めたが、本人は航空本部長ポストが適任だと思っていたらしい。山本・米内コンビはこの時期に計画が進んでいた日独伊三国同盟に反対するなど、開戦への反対姿勢を貫き、開戦を主張する陸軍とは激しく対立して、時に命の危険を囁《ささや》かれるほどであったという。その後、連合艦隊司令長官を務めていた時。日米開戦が迫る中、近衛総理大臣が山本に存念を聞いたところ、「やれと言われればやるし、半年か一年は暴れてみせるが、戦争が二年や三年になってしまうと確信が持てない。日米戦争はどうにか回避してほしい」と訴えたエピソードがよく知られている。

太平洋戦争が始まると、真珠湾攻撃やミッドウェー作戦などの作戦指揮をとって、初期の日本軍の快進撃に大きな役割を果たしたとされる。しかし、昭和十八年（一九四三）に前線視察を行なっていたところ、乗っていた飛行機がアメリカ軍により撃墜され、戦死してしまった。彼もまた戦時日本をコントロールできないまま、一足早く退場することになったのだ。

山本五十六(大本營海軍報道部『大東亞戦争海軍作戦寫眞記録』国立国会図書館蔵)

コラム

絶対的な権力「ＧＨＱ」

外国人がナンバーワンだった時代

ここまで見てきたとおり、太平洋戦争は日本降伏という形で終わった。結果、昭和二十年（一九四五）九月から昭和二十七年の四月まで、日本は連合国側の占領下に置かれることになる（なお、小笠原諸島の占領は昭和四十三年、沖縄の占領は昭和四十七年まで続いた）。つまりこの期間、日本のナンバーワンは天皇でもなければ総理大臣でもなかった。

では、誰かと言えば、ＧＨＱ（連合国最高司令官総司令部《General Headquarters》）のトップに立つ連合国（軍）最高司令官のダグラス・マッカーサーということになるだろう。占領下の七年間、ＧＨＱが日本政府に指示・影響を与えることによって間接統治を行なっていたのである。この指示は覚書や口頭などで日本政府に伝えられ、具体的な政策になって実行された。また、時にはより積極的に介入することもあり、東条英機らＡ級戦犯の逮捕や人権指令（政治犯の即時釈放や思想警察の全廃など）、公職追放などは、日本政府にあらかじめ伝えられることなく実行された。

より正確を期すなら、ＧＨＱよりも「上」はいた。占領した日本を管理する仕組みにおいて最も大きな権限を持っていたのは、占領から半年後にワシントンに設置された極東委員会（当初十一カ国、のちに十三カ国で構成）であった。この極東委員会が占領政策のトップになる。この下にアメリカ政府の各局があって、その下にＧＨＱ、さらに日本政府という構造になっていた。

しかし、占領から半年間は極東委員会は存在せず、ＧＨＱが改革を実行した。また極東委員会成立後もアメリカは拒否権を持つ四カ国の一つ（他はイギリス、ソ連、中国）であるうえ、極東委員会の決定を待たずに指令を発することができる「中間指令」という強力な権限を持っていた。

日本は分割統治されずに一括《いっかつ》で統治され、統治を実施するＧＨＱのトップはアメリカ軍人のマッカーサー、幕僚も多くがアメリカ人ということで、連合国と言いながらも、実質的にアメリカ一国によって日本の統治がなされたのである。時に日本政府の確認を取らずに行なわれた占領政策の背景には、このような政治的事情があったわけだ。

ＧＨＱの構造とマッカーサー

具体的なＧＨＱによる改革とその顚末《てんまつ》については次章で紹介することにして、ここではもう少しＧＨＱの構造やその権力について紹介したい。

ＧＨＱは参謀部と幕僚部、そして地方軍政機構によって構成されていた。まず、参謀部は太平洋陸軍そのままで、Ｇ１（人事）、Ｇ２（情報）、Ｇ３（作戦）、Ｇ４（後方）となっている。幕僚部は十六（当初は十）の局で構成された。それぞれ、民政局、経済科学局、民間情報教育局、天然資源局、公衆衛生福祉局、法務局、民間通信局、統計資料局、民間諜報局、物資調達局、国際検事局、会計検査局、民間財産管理局、外交局、民間運輸局、民間人事局である。この中で大きな力を持つことになったのが、諜報関係を担当していた参謀部のＧ２と、政治行政を幅広く役目として持っていた幕僚部の民政局だ。

では、ＧＨＱのトップに立ったマッカーサーはどんな人物であったか。父は陸軍中将で、自身も陸軍士官学校を出て陸軍に入った。第一次世界大戦ではフランス戦線にいて、その後は陸軍士官学校校長、そして陸軍参謀総長を務めている。

一時的に退役していたが、太平洋戦争が始まる前に現役復帰、極東方面軍司令官としてフィリピンへ侵攻してくる日本軍と戦った。追い詰められてオーストラリアへ脱出したものの、この時に言い残した「アイシャルリターン（私は戻ってくる）」の言葉通り、反撃して日本軍を撃退。アメリカ軍の進駐開始とともに自らも日本入りして、以後、長きにわたって占領政策に大きな権限を持った。

マッカーサー統治の変化と終わり

もちろん、マッカーサーも基本的にはアメリカ本国の指示に従って統治を行なったわけだが、彼独自の判断で本国の望む政策が進められなかったケースもあった。アメリカとソ連をそれぞれの主軸とした東西冷戦による対立が拡大し、特に中国で革命が成功して東側の中華人民共和国が成立する中、本国としては解体していた日本の軍事力を再建させたいという思惑があった。しかし、マッカーサーはこの点について消極的だったのである。

そのような中、マッカーサーにとっても、また日本にとっても転機になる事件が起きる。昭和二十五年（一九五〇）、朝鮮半島の北部を支配する朝鮮民主主義人民共和国（北朝鮮）の軍隊が、南部の大韓民国へ攻め込んだのだ。朝鮮戦争の勃発《ぼっぱつ》である。マッカーサーは在日連合国最高司令官のまま国連軍最高司令官に任命され、自ら指揮をとって北朝鮮の勢力を押し返したものの、中国の軍事介入によって苦境に立たされてしまう。

この状況を受け、マッカーサーは日本政府に警察予備隊の設立を指示する。警察力強化という名目にはなっているものの、これは小規模ながら陸軍に近しい存在であり、のちの自衛隊へつながっていくことになった。

そして、中国本土への攻撃を求めるマッカーサーと限定的な戦争で収めたい本国との間で対立が起こり、ついに時のアメリカ大統領ハリー・S・トルーマンによってマッカーサーは解任されてしまう。昭和二十六年のことだ。後任には朝鮮戦争でアメリカ陸軍第八軍司令官として戦っていたM・B・リッジウェーがついた。

この翌年、サンフランシスコ講和条約が成立して連合軍による日本統治は終わり、GHQもまた解体されたのである。

第五章　戦後日本のナンバー2

戦後日本のナンバーワン、ナンバー2

この章では戦後から現在に至る日本の歴史を追いかけながら、各時代におけるナンバー2的存在のあり方や個人のエピソードについて紹介する。

まず大きな問題として、「戦後日本のナンバーワンとはいったい誰なのか」がある。国家のナンバーワンを「元首」と呼び、外から見れば「国の代表」、内から見れば「統治権・行政権の持ち主」ということになる。王国や帝国など君主制国家なら国王や皇帝など君主、共和国なら大統領が元首になる。旧ソ連のように合議体の長を元首とする国もある。ただ、イギリスの国王やドイツ・イタリアの大統領のように、出番が儀礼などに限定され、象徴の役目を果たすだけのケースもしばしばある。その場合、実権は首相および内閣にあることが多いようだ。

戦前の日本においては、大日本帝国憲法で「天皇が元首である」と明確に規定されていた。実権はおおむねナンバー2たる総理大臣にあるが、統帥権の独立などの問題から軍部も大きな力を持つようになっている。これはすでに見てきた通りだ。その中で天皇は象徴めいた存在ではあったが、天皇の資質、もしくは時の情勢に合わせて、ある程度口を出すこともあり、象徴そのものとも言い難い。

一方、戦後日本の天皇は憲法により「象徴である」と明記されている。戦前にあったような政治的干渉は許されていない。これでは天皇を元首、つまりナンバーワンとは言えない。先述のごとく、国際的には元首だが、あくまで儀礼的な存在と規定している国も複数あることには注意したい。ただ、学者の中には戦後の天皇も元首と見なせると主張する人もいるようだ。

どうしてそのように諸説が入り乱れるかといえば、憲法に誰が元首か明記していないからだ。通説としては、外交権を持つ内閣、あるいは行政の長である総理大臣を元首と見なすようだが、天皇元首説もあるし、「元首はいない」とする説まである。

とりあえず、本書では総理大臣を戦後日本の、そして現行憲法下におけるナンバーワンであるとしたい。では、ナンバー2は誰（あるいはどの役職）か。これはその時々で変わるが、戦後日本のほとんどの時期において総理大臣を輩出し、その支持基盤になった自由民主党（以下、自民党）の有力者こそが、総理大臣の任命や時々の政治決断にも大きな影響を及ぼしており、ナンバー2と呼ぶに相応《ふさわ》しいと考える。

そこで、本章ではまず終戦から自民党が与党で社会党が野党第一党という、いわゆる「五五年体制」の確立までを追い、また自民党の権力構造について紹介することで、戦後日本のナンバー2のあり方を見る。そのうえで、特に各時代においてナンバーワンとして表に立つことなく絶大な権力を握った幾人かの政治家について紹介することとしたい。

役が重すぎた東久邇稔彦王内閣

第四章の最後に登場した鈴木貫太郎《すずきかんたろう》内閣が終戦を迎えるための内閣であったとするなら、続く東久邇宮稔彦王《ひがしくにのみやなるひこおう》内閣は連合軍（アメリカ軍）による占領という日本史上始まって以来の大事件をトラブルなく進めるための内閣であった。

何しろ、日本の降伏を国内に知らせるための玉音《ぎょくおん》放送を阻止しようとクーデター未遂事件（宮城《きゅうじょう》事件）まで発生したくらいだ。徹底抗戦を主張する一部軍人を抑え込むためには絶大な権威が必要だった。本書で紹介してきた政治家の中では近衛文麿《このえふみまろ》が最も権威ある家系の生まれだが、それでも足りないと考えられたのだろう。

結果、選出されたのが東久邇宮稔彦王。久邇宮朝彦《あさひこ》親王の息子で、昭和天皇正室の香淳皇后《こうじゅんこうごう》の大叔父（父同士が兄弟）にあたる皇族である。日本史上唯一の皇族総理大臣でなければ国内の混乱は抑えられない、こういうわけだ。

東久邇宮は陸軍軍人（終戦時は陸軍大将、防衛総司令官）であったが、一方で七年にわたってフランスで留学生活を送るなど自由でリベラル主義の人物でもあった。第三次近衛内閣が総辞職した際、近衛が首相候補としてあげたほどである。

しかし結果から言えば、皇族としての権威とリベラルな性質を持ってしても、占領・降伏という大事件を何事もなく受け入れることはできなかった。東久邇宮内閣はわずか二カ月で退陣になってしまう。

大きな事件としては、まず「一億総懺悔《いちおくそうざんげ》」の一件がある。東久邇宮が施政方針演説で「全国民による総懺悔」を訴えたところ、メディア・国民から「まずは戦争指導者の責任問題が先だ」という強烈な反発が出たのである。言うまでもなく、東久邇宮の発言はナンバーワンである天皇の戦争責任を回避するための演説であったとされ、その点では総理大臣がナンバー2としての役割を果たしたといえよう。

政権のより大きな痛手としては、ＧＨＱからの急進的な民主化・改革要求を受け止め損ねたこともあった。東京湾沖の戦艦ミズーリ号での降伏調印式は無事終わったものの、戦犯の逮捕やその扱い（日本側は処罰や裁判を自分たちで行なうことを望んだ）、また人権指令について東久邇宮内閣とＧＨＱが対立したのである。他国に占領された状態でその要求を跳《は》ね除《の》けることなどできようもなく、内閣は総辞職した。その際、東久邇宮は次の総理大臣について、「英米に理解のある人を」と言い残したという。

超短命政権であったが、クーデターの懸念がある中、各地の軍隊を何事もなく武装解除させ、連合国軍の進駐も受け入れたという点で、東久邇宮内閣は評価されるべきであろう。

GHQに振り回された幣原内閣

東久邇宮に代わって立ったのは幣原《しではら》喜《き》重郎《じゅうろう》だ。第四章でも扱った、「幣原外交」の立役者であった老政治家である。彼を選んだのは東久邇宮と同様、内大臣・木戸《きど》幸一《こういち》と枢密院《すうみついん》議長・平《ひら》沼《ぬま》騏《き》一郎《いちろう》だが、幣原が推《お》されたのはかつて対米協調外交を推進しており、東久邇宮が残した言葉を受けてのことだった。

幣原はGHQの指示による改革を実行することに力を注いだ。最たるものが、総理大臣になってすぐのGHQ長官のダグラス・マッカーサーとの面会で指示された五大改革である。

- ●憲法改正と女性に参政権を与えること
- ●労働組合の結成を奨励すること
- ●教育制度を改革して自由主義化すること
- ●秘密警察など圧制的制度を廃止すること
- ●経済機構を民主化すること

幣原はまず衆議院議員選挙法改正案・労働組合法案・農地調整法改正案（第一次農地改革）

の三つの改革法案を議会に通し、また憲法改正原則を示したが、GHQが満足するものにはならなかった。そのため、GHQは日本を戦争に導いた思想の源《みなもと》が「国家神道」にあると考え、「神道指令」を発し、政教分離を指示する。

この頃、多くの日本人が戦争犯罪人（戦犯）として逮捕された。本書で大きく扱った人物の中にも、「平和に対する罪」を問われたA級戦犯が少なからずいた。近衛文麿は逮捕を拒否して自殺し、松岡洋右《まつおかようすけ》は裁判中に亡くなっている。判決が下った人物には、絞首刑《こうしゅけい》となった東条英機《とうじょうひでき》（自殺を試みたが失敗）と広田弘毅《ひろたこうき》（死刑判決を受けたのは文官の中で唯一）。終身禁固刑となった木戸幸一（のちに釈放されて政界から引退）と小磯国昭《こいそくにあき》（収容所の中で病死）、さらに平沼騏一郎（同病死）。

時系列はやや前後するが、昭和二十一年（一九四六）一月四日、GHQは日本政府に対して、戦争犯罪人、陸海職業軍人、国家主義者など「好ましくない人物の公職からの追放」を命じた。言論界や経済界らの人々も含み、二十一万人が公職より罷免《ひめん》、排除された。

加えて大きな課題が、大日本帝国憲法に代わる新しい憲法の作成であり、中でも最重要問題になったのが天皇の処遇だ。第二章で見た通り、天皇は大日本帝国の元首であったため、戦争責任を問われる立場にあった。幣原内閣が天皇は立憲君主であり、政治的な関与はないと、天皇の責任を回避すべく努《つと》める一方、アメリカも天皇を戦犯とするよりは天皇を利用して日本を統治したほうがよいと考えるようになっていた。両者の思惑が合致し、昭和二十一年（一九四六）一月一日に「天皇の人間宣言」と呼ばれる詔書が発せられる。

実は、この「人間宣言」において「天皇は現人神《あらひとがみ》である」という、戦争につながっていったと考えられる天皇の神格化は否定したものの、宣言の冒頭では明治天皇によって発せられた「五箇条の御誓文」を引用している。明治維新で目指した民主主義を推し進めていくことを示したといわれている。

このような経緯があり、三月、幣原内閣の下で憲法改正草案が発表されたのである。

四月には戦後初の衆議院総選挙が行なわれ、第一党の日本自由党を含め、どの党も過半数を確保できないという結果が出た。幣原は第二党の日本進歩党（進歩党）入りし、他党と連立を組んで内閣を継続させようとしたが、「姑息《こそく》だ」と批判が集まり、四月二十二日に総辞職へ追い込まれることになる。後継については幣原がＧＨＱに任じられ、日本自由党（自由党）の鳩山《はとやま》一郎《いちろう》と日本社会党（社会党）の片山哲《かたやまてつ》に状況を収拾するよう依頼した。両者の連立は成立しなかったものの、閣外からの協力は取り付け、鳩山政権が成立するかに見えたが、直前にＧＨＱが鳩山を公職から追放したため、代わって吉田茂《よしだしげる》が総理大臣となった。自由党と進歩党による連立政権である。

鳩山に代わって立った吉田茂

吉田茂は旧土佐《とさ》藩士で自由民権運動の志士の子として生まれ、貿易商の養子になって吉田を名乗った。義父の跡は継がず、学習院、そして東京帝国大学法科大学政治科で学び、外交官となる。なお、同期の仲間の中にはのちに総理大臣になる広田弘毅がいて、広田と比べれば目立たない方であったらしい。しかし、田中義一《たなかぎいち》内閣の時、田中に自ら訴えて外務次官になるなど、この頃から抜きん出た行動力の持ち主ではあったようだ。

外交官を辞《や》めた後は、近衛らに接近して終戦工作に参加し、戦後には東久邇宮・幣原の両内閣で外務大臣を務めた。東久邇宮内閣が倒れた際、近衛や木戸から総理になるよう求められたが、断わっている。この頃、貴族院議員になった。翌昭和二十一年（一九四六）五月、総選挙で第一党になった日本自由党党首の鳩山が首相指名の目前に公職追放され、その鳩山から次の総理大臣の指名を受けて、吉田内閣が誕生した。なお、この時の約束の具体的内容を巡って、のちに大いに揉《も》めることになるが、くわしくは後述する。

吉田内閣では問題が山積していた。まず、食糧危機が深刻な問題になり、あちこちでデモが起き、革命につながる危機感もあった。革命的な運動についてはマッカーサーが声明を出して抑え込み、また吉田との会談で「日本人を餓死させることはない」と断言したことで沈静化する。実際に吉田がGHQに働きかけ、大量の食糧援助を引き出している。なおこの時、吉田の要求量と実際の援助に大きな開きがあったにもかかわらず、危機が解決できたことから「統計がずさんだ」とマッカーサー側から非難があったものの、吉田は「日本の統計がしっかりしていたら戦争はしなかったし、あるいは勝っていた」などと回答してごまかしたと伝わっている。吉田はこのようなユーモアが目立つ人物であった。

また、幣原内閣時代の宿題も数々残っていた。GHQの指示で、財閥《ざいばつ》解体、教育改革、第二次農地改革などを積極的に推し進め、さらに新しい憲法「日本国憲法」の施行にもようやくこぎ着けた。このため、吉田は旧憲法時代の最後の総理大臣ということになる。

このように幾つもの成果を出したにもかかわらず、昭和二十二年の衆議院総選挙で日本自由党は敗北。吉田内閣も総辞職へ追い込まれた。背景には吉田の失言があったようだ。当時盛り上がっていた労働争議やストライキなどに関連して、共産党を指して「不逞《ふてい》の輩《やから》」という表現を使ったところ、「労働組合のことを指している」と受け取られ、人々の怒りを買ってしまったのである。

中道政権の片山内閣・芦田内閣

新憲法体制初の総選挙で勝利したのは、片山哲の社会党であった。人々は食糧危機・経済危機からの社会不安を受け、「生活向上」を掲げる社会党に票を託したのである。この勝利は社会党側でも予想外だったようで、書記長・西尾末廣《にしおすえひろ》は「そいつぁ、えらいこっちゃ」と呟《つぶや》き、吉田内閣を続投させようとしたという話がよく知られている（西尾は社会党には政権担当能力がないと考えていた）。もちろん、この試みは成立せず、委員長・片山哲を総理にした社会党政権が成立した。

とはいえ、議会の過半数を占めることはかなわず、日本民主党（進歩党・自由党鳩山派らで結成。民主党）、国民協同党を加えた連立政権になった。なお、社会党政権であること、またキリスト教徒である片山がトップに立つことは、ＧＨＱおよびマッカーサーからも好意的に受け入れられたようだ。

日本最初の左派政権である片山政権は、当初六十八パーセントという高い支持率を記録し、教育基本法や児童福祉法の制定、内務省・司法省の解体などを実施していく。ＧＨＱの言いなりという部分も大きかったが、一方で最高裁判所人事や新しい警察組織の創設などにおいて社会党らしい政策を行なったという評価もある。

しかし、炭鉱の国有化を目指したものの、「国による管理は左寄りすぎる」と与野党両方から激しい政治的攻撃を受けて骨抜き案になってしまったこと。また、これに関係して疑獄事件が発覚したこと（賄賂《わいろ》を受け取ったうちの一人はのちに総理大臣となる田中角栄《たなかかくえい》）により、民衆の支持を失って支持率が二十五パーセントにまで下がるとともに、連立政権内での対立も激化。さらに当時激しくなっていたインフレを抑えようと、闇市場対策として正規ルートでの物資供給に努《つと》めるも画期的な成果は出ない。こうして片山内閣は総辞職した。

政権は一年に満たない期間で終わったが、その背景に社会党政権として受け入れられないような占領政策の転換がマッカーサーから片山へ伝えられていたという。政策転換の原因は東西の冷戦激化である。朝鮮半島北部にはソ連が後押しする朝鮮民主主義人民共和国が誕生し、中国では毛沢東《もうたくとう》率いる共産党軍が力をつけていた。アメリカはこのようなアジア情勢の変化から「日本を共産主義の防波堤」にするべく、占領政策の転換を考えていたと思われる。

続いて立ったのは、芦田均《あしだひとし》率いる日本民主党の内閣である。議会勢力としては第三党にすぎなかったが、片山内閣に続いて社会党・国民協同党による連立政権として成立した。そのため、三党による「たらい回し」と批判もされている。

芦田内閣は労働争議で苦しめられ、ＧＨＱの指示で公務員の団体交渉権と争議権を否定する政令二〇一号を出すことになる。また引き続く食糧危機・経済危機についてもＧＨＱ頼みとなり、芦田は「誰が総理大臣であってもＧＨＱに従うほかない」と語ったとされる。

芦田内閣の命運を絶ったのも、やはりＧＨＱであるようだ。

昭和電工の日野原節三社長が、復興金融金庫の融資を受けるために官僚や政治家に賄賂を贈ったとされる贈収賄《ぞうしゅうわい》事件（昭電疑獄事件）で、閣僚まで逮捕された。芦田は総辞職を決定するが、総辞職後、芦田自身までも逮捕されるに至った。実は、この事件の背景には片山・芦田内閣を支持していたGS（民政局）とG2（幕僚情報局）のGHQの内部対立があったといわれる。

こうしてスキャンダルの末に崩壊した芦田内閣ではあるが、評価する声もある。それは新憲法において「主権者」から「象徴」となった天皇の扱いであった。昭和天皇が行なっていた国内巡幸が「戦前の天皇制復活を想起させかねない」とGHQの一部やソ連など連合国内から批判が出ており、GHQとしても天皇の目立ちすぎる行動には苦言を呈《てい》する必要があったようだ（舟橋正真「昭和天皇の『戦後巡幸』と宮中側近の動向」『立教史学』より一部抜粋）。また、天皇も内治外交を新憲法下でも望み、天皇の内意を内閣に伝えようとしていた（後藤到人「戦後政治における昭和天皇の位置」『岩手県立大学盛岡短期大学部研究論集』より一部抜粋）。そこで芦田内閣は、不敬罪の廃止や宮内府（宮内省を縮小）の改革を行ない、また天皇の退位さえ考えていたという。戦後日本の象徴天皇制を考えた時に芦田の果たした役割は小さくなかったといわれる一説である。

独立回復にこぎつけた吉田茂

昭電疑獄事件で芦田内閣が倒れると、次は野党第一党・民主自由党（日本自由党が民主クラブと合併して誕生。民自党）の吉田茂しかいない、ということになる。

しかし、前述の通りGHQの中でもGSは中道の政党に加担していたため、保守的な吉田が総理になるのを妨害し、別の候補を立てようとする。結局はマッカーサーの承認を受けた吉田が首相指名投票でギリギリ（過半数に達しなかった）ながら総理大臣になって、第二次吉田内閣がスタートした。緑風会（小説家の山本有三らが属した参議院の会派）から一名の参加はあったが、ほぼ民自党単独政権となった。

吉田はすぐさま解散総選挙（解散権の行使について法律の解釈が分かれ〈解散は憲法六十九条の「内閣不信任案決議の可決による」とあるが、吉田内閣は六十九条に限定されずという立場を取り、野党は六十九条の可決なしでは解散できないとの見解だった〉、最終的にGHQの仲介でそれぞれの顔を立てながらの解散になった。通称「馴《な》れ合い解散」）を行ない、圧勝。一度総辞職したうえで、改めて第三次吉田内閣が発足する。

この時点で民自党は議会の過半数を占めていたが、保守勢力の統一を目指して民主党との連立を画策。民主党は分裂し、連立派が内閣に参加した（のちに民自党と民主党連立派は合流し、自由党となる）。こうして得られた政治的安定をもとに、吉田内閣はGHQの指示を受けて、昭和二十四年（一九四九）にアメリカの銀行家ジョセフ・M・ドッジによる金融引き締め・緊縮政策「ドッジライン」を実施。一時的に国民の生活は苦しくなったが、インフレは抑え込まれ

吉田茂(『歴代首相等写真』国立国会図書館蔵)

た。翌二十五年、朝鮮戦争が始まると特需が訪れ、日本経済は急速に復興を遂げたのである。

また、長年の懸念であった講和問題が解決したのも、第三次吉田内閣の頃であった。朝鮮戦争にも見られるように、世界規模では冷戦構造が確立して自由主義陣営（西側）と社会主義陣営（東側）の対立が激化しており、アメリカとしては日本を自由主義陣営に引き込みたい。そこで日本との間に講和条約を結ぶことをちらつかせてきたのである。

日本側としては社会主義陣営を含んでの全面講和をしたい向きもあったが、吉田はこの好機を生かすべく自由主義陣営との片面講和を選択。昭和二十六年のサンフランシスコ講和会議で講和条約が結ばれ、日本は独立国へ復帰する。長きにわたる連合国による占領も終わったのであった。しかし、このことは吉田内閣が下り坂をころがり始めるきっかけにもなる。人々は吉田の「ワンマン宰相《さいしょう》」ぶりに飽《あ》き始めていたのである。さらに、講和による公職追放の解除を受けて自由党内部でも対立が始まった。その説明の前に、まず鳩山一郎の紹介をしたい。

吉田と鳩山の対立

鳩山一郎は衆議院議長・鳩山和夫《かずお》の長男にあたり、世襲政治家になる。東京帝国大学法科大学英法科を卒業し、弁護士になったのち、衆議院選挙に挑戦、当選して立憲政友会に入った。犬養《いぬかい》内閣・斎藤内閣で文部大臣を務めている。戦後に日本自由党を結成して衆議院選挙で第一党になったにもかかわらず、公職追放を受けてしまったのは、すでに見てきた通りだ。公職追放自体は解除されたが、実はその直前、鳩山は脳出血《のうしゅっけつ》で倒れて半身不随になっており、すぐさま政界へ復帰することはできなかった。しかし、鳩山を支持する実力ある政治家の多くが政界へ戻り始め、自由党内の本来の主流派である鳩山派に合流し、反吉田の動きを大きくしていたのである。

やがて、政界に復帰した鳩山は吉田に政権を渡すように要求した。鳩山によれば、かつて公職追放を受けて吉田に後事を託した際、「追放が解除されたらすぐに総裁の座を引き渡す」と約束したのだという。しかし、吉田はこれを否定・拒否し、また「病人に政権を譲るわけにはいかない」と対決姿勢を示したので、自由党総裁の、ひいては総理大臣の椅子をめぐって両者は争うことになった。

吉田政権の終わり

鳩山派は幹事長人事に干渉して吉田の政策妨害を図り、対する吉田は不意打ちで解散（抜き打ち解散）をして鳩山派にダメージを与えようとする。しかし、大差をつけることはできず、自由党全体で議席の過半数は維持したものの、社会党（この頃にはすでに左右に分裂していた）が大きく勢力を伸ばしていた。

第四次吉田内閣でも鳩山派を含めて内部に対立分子を抱えることになって、なかなか政治体制が安定しない。さらに、予算委員会において吉田が質疑応答中の社会党の西村栄一議員に向かって「バカヤロー」と言った件（正面から罵倒《ばとう》したように受け取られたが、実際にはつい呟《つぶや》いた言葉が聞かれてしまっただけとされる）をキッカケに不信任案が出され、これに反吉田勢力が乗った結果、可決されてしまう。反吉田勢力は離脱、鳩山派自由党が結成され、選挙戦になった。

総選挙の結果、自由党は過半数を得ることができなかった。また中道政治をスローガンにする改進党との連立も失敗したが、吉田はとりあえず閣外からの協力を取り付け、第五次吉田内閣が始まった。さらに鳩山を説得して自由党に復党させることに成功する（選挙が相次いで鳩山派の資金が底をついていたのが原因）。

これで一息ついたかと思いきや、造船疑獄事件（造船業界における大規模な収賄事件）が起き、その疑惑はついに時の幹事長であった佐藤栄作《さとうえいさく》にまで及んだ。吉田内閣は法務大臣の権限でこれを差し止めさせたが、政権への支持は明らかに揺らいだことであろう。

この危機を何かしら目に見える成果を残すことで挽回《ばんかい》しようと、吉田は元外交官の手腕を発揮して欧米へ外遊（講和のお礼参り）に出かける。だが、鳩山が吉田の隙《すき》を見逃すはずがない。吉田が帰国するや、鳩山が改進党らと結党した日本民主党が左右両社会党とともに内閣不信任案を提出したのである。ここに至って、吉田は副総理の緒方竹虎《おがたたけとら》に自由党総裁の職を譲り、内閣も総辞職。六年に及ぶ長期政権が幕を閉じた。

吉田は自身が官僚出身であり、また経済復興の必要性に迫られていたこともあって、経済官僚の出身者を政治家として養成した。通称、「吉田学校」と呼ばれる国会議員の一派である。のちに総理大臣となる池田勇人《いけだはやと》や佐藤栄作といった元官僚たちが代表格であり、吉田自身は政争に敗れて姿を消したが、吉田学校の卒業生たちはそれぞれに派閥の長になり、自由党と日本民主党が合流（保守合同）して誕生した自由民主党（自民党）において、「保守本流」と呼ばれるグループとなった。その意味でも吉田の功績は大きい。

昭和四十二年（一九六七）に亡くなった際、国葬によって送られたが、これは令和四年（二〇二二）に安倍晋三《あべしんぞう》首相の国葬が執《と》り行なわれるまで、戦後唯一の例だった。

「じいさん」の側近

そんな吉田の側近として活躍したのが白洲次郎《しらすじろう》である。

白洲は明治三十五年（一九〇二）、兵庫県武庫郡精道村《むこぐんせいどうむら》に白洲文平《ふみひら》の子として誕生した。白洲家は三田《さんだ》藩で儒学者を務めた家系であり、祖父の代には大参事（家老）を務めていた。父の文平も留学を経験し、大正時代からは綿花貿易に乗り出して大きな富を築いた人物である。

白洲は父が築いた富を背景に神戸一中、そしてケンブリッジ大学へ進学する。当時の白洲は中世ヨーロッパ史学に興味があったとされ、このままなら学者として生涯を終えたかもしれない。しかし、そうはならなかった。父の白洲商店が昭和の金融恐慌により倒産したからだ。八年の留学生活を終えて帰国した白洲は英字新聞社での勤務や、留学中のコネで引き受けた貿易商社の日本法人の整理を経て、日本水産（のちのニチレイ、ニッスイ）の取締役として世界中を飛び回ることになる。この間、樺山正子《かばやままさこ》と結婚し、彼女の生家の縁（正子は旧薩摩藩重鎮の樺山資紀《すけのり》の孫であり、吉田の妻は大久保利通《おおくぼとしみち》の孫娘）で、吉田茂《よしだしげる》と知り合って関係を深めた。その後、吉田はイギリス大使を務めたが、白洲はロンドン出張の際は大使館を定宿のように使ったという。

第二次世界大戦が始まると、白洲が従事した水産業・貿易業にも統制の手が伸び、これに反発して白洲は会社を辞職する。戦況は悪化をたどり、東京への空襲開始後は以前から準備していた移住先（東京都町田市鶴川）に引っ越した。そこでは古い民家に「武相荘《ぶあいそう》」と名づけ、農業に従事した。しかし、政財界との関係は浅からず、吉田が近衛内閣で外務大臣になったのは、以前から近衛と知り合い（息子の家庭教師を務めた時期がある）の白洲が吉田を推薦したという話も伝わる。

戦後、吉田は幣原内閣でも外務大臣を務め、白洲はその吉田からＧＨＱとの折衝役「終戦連絡事務局次長」を命じられる。白洲は流暢《りゅうちょう》な英語を駆使してGHQと激しく交渉し、「扱いにくい」「こそこそと動くうなぎ」と陰口を叩かれている。当人はのちのインタビューで、「GHQに抵抗らしい抵抗をした日本人は吉田と自分の二人だけ」と語っている。

他の面でも白洲は吉田の片腕として奔走《ほんそう》しており、たとえば、吉田学校の主要メンバーの一人、初当選で大蔵大臣に抜擢《ばってき》された池田勇人を見いだしたのは、強力な大蔵大臣の必要性を痛感していた白洲だったという話がある。また、第二次吉田内閣では貿易庁長官に任命され、この組織を通商産業省(通産省)へ改組するにあたって活躍している。政治家ではない白洲の働きは時に非難の対象にもなり、「白洲天皇」などと揶揄《やゆ》されることもしばしばあったが、当人は吉田の側近と呼ばれることを嫌い、「一対一の関係」であると考えていた。吉田のことも親しみを込めて「じいさん」と呼んでいたようだ。

サンフランシスコ講和条約調印後は外交面での協力はしたが、政治とは距離を置き、おもに実業界で活躍した。昭和六十年(一九八五年)に八十三歳で亡くなった時の遺言は、「葬式無用、戒名《かいみょう》不用」であった。

五五年体制と国際社会復帰

話を昭和二十九年(一九五四)の秋に戻そう。鳩山の日本民主党は十一月二十四日の結党時点でまだ第二党にすぎなかったが、左右両社会党の協力で吉田に続く総理大臣になることができた。しかし、第一次鳩山内閣はすぐに終わる。社会党が早期解散での総選挙を求めていたからだ。

翌年の総選挙では、憲法改正・再軍備・社会主義陣営との外交を訴える民主党が憲法改正阻止を訴える両社会党に加え、自由党も上回る第一党の地位を獲得した。背景にあったのは鳩山人気だ。公職追放と病気によって総理の座をつかみ損《そこ》ね続けていた「悲劇の政治家」というイメージから来る鳩山ブームが起きていたのである。

こうして第二次鳩山内閣が始まったものの、過半数を持たない少数与党であることに変わりはなく政権運営は困難を極《きわ》め、憲法改正も社会主義陣営との外交も革新・保守それぞれからの反発により、頓挫してしまう。

そんな中、左右両社会党が合流を果たし日本社会党となり、これに危機感を覚えた民主党・自由党も政治的安定を望む財界の後押しもあって合流するのは前々節で見た通りだ。こうして一九五五年、つまり昭和三十年に成立した自民党と社会党を中心とする政治体制を「五五年体制」と呼ぶ。

自民党初代総裁になった鳩山（自由党総裁の緒方が急死したので、総裁の座をめぐる揉《も》め事は少なかったようだ）による第三次内閣は、自民党内部の対立もあって、大きな目標として掲げ

鳩山一郎(田村茂撮影『現代日本の百人』国立国会図書館蔵)

ていた憲法改正には成功しなかった。

しかし、吉田時代のアメリカ一辺倒の外交から転換しての自主外交路線については、鳩山自らソ連へ訪問して、「国交回復に関する共同宣言」にこぎ着け、日ソ国交回復に成功している。この国交回復により、ソ連の拒否権によってかなわなかった国連への加盟も許され、国際社会への復帰に至ったのである。まもなくして鳩山内閣は総辞職した。

なお、鳩山の政治思想として「友愛」がよく知られている。これはオーストリアの政治学者クーデンホーフ・カレルギー伯の著作において、共産主義・全体主義に対する思想として紹介された言葉に影響されたもので、フランス革命のスローガン「自由・平等・博愛」の「博愛」と同じものと見なされる。鳩山の友愛の思想は息子の鳩山由紀夫《ゆきお》に受け継がれており、平成二十一年（二〇〇九）に彼が九十三代総理大臣になった時、何度も口にしていたので、耳にした方も少なくないだろう。

自民党の有力者たち

こうして成立した五五年体制の時代において、政治的なナンバーワンは当然、総理大臣を務める自民党の総裁（党首）である。自民党内における総裁選挙に勝利することでこの地位につくのだから、自民党の主導権を握ることは日本の舵《かじ》を取ることになろう。

55年体制の誕生

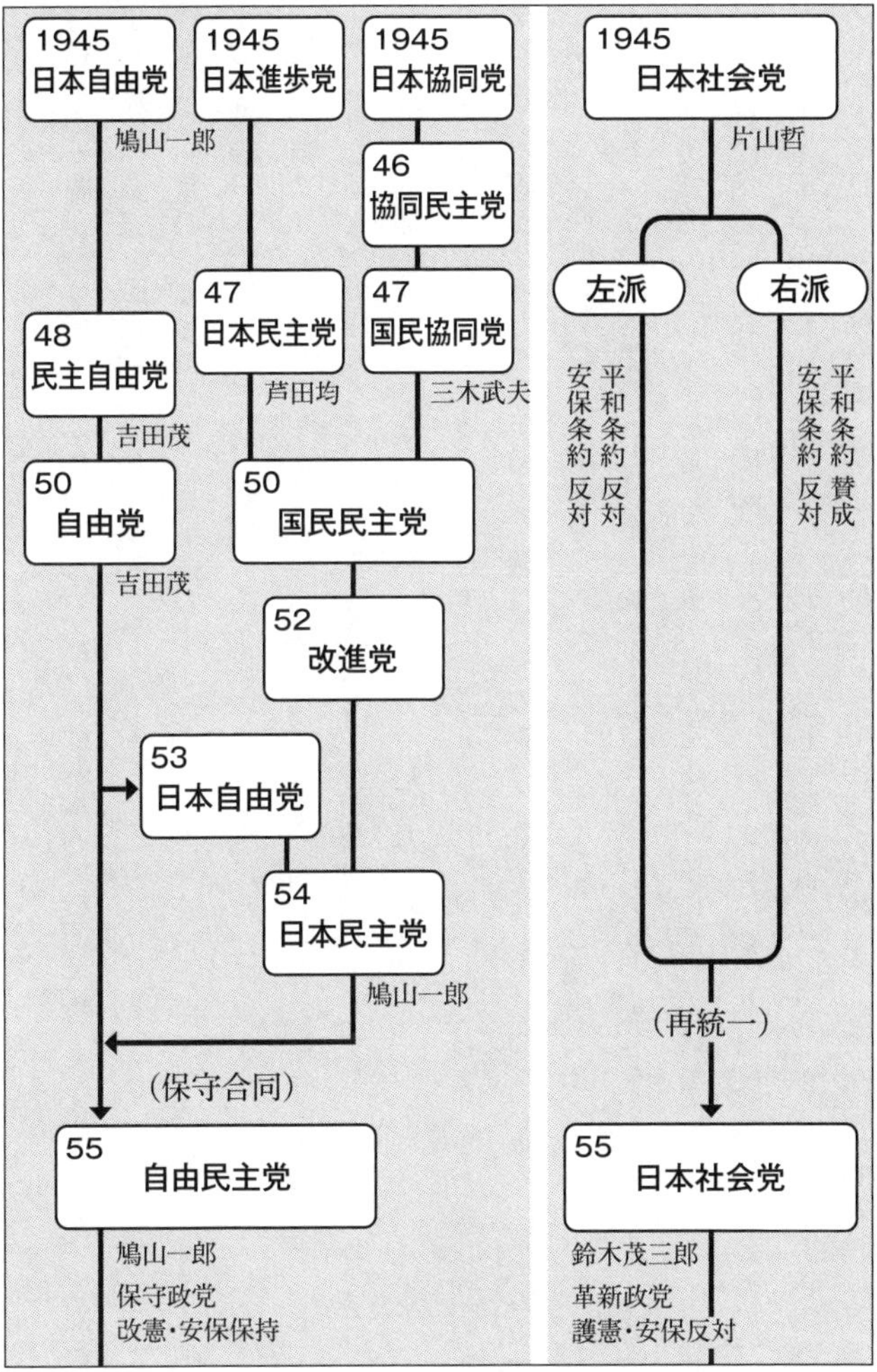

『図説日本史通覧』（帝国書院）などを参照

しかし、自民党において有力者がつくポストは総裁だけではない。党三役（のちに党四役）と呼ばれる要職があって、ここについている人間は基本的に重要人物と考えてよい。すなわち、幹事長、総務会長、政務調査会長（政調会長）である。

幹事長は総裁の補佐を行ない、党全体のナンバー2と言っていい存在だ。特に五五年体制時代を含む戦後日本史においては、総理大臣と自民党の総裁はほぼイコールと言っていい存在であるため、党のナンバーワンである総裁は国政に奔走させられ、党に割《さ》ける時間がどうしても減る。こうなると、幹事長こそが自民党の運営で中心的な役割を果たすことになるわけだ。そして、自民党内部を動かせるなら、当然、国政への影響力も大きい。

このあたりは、前著『ナンバー2の日本史』でも紹介した、中世の君主とその家政機関のトップの関係を思わせるところがある。鎌倉時代の執権《しっけん》・北条氏と内管領《うちかんれい》（北条氏宗家「得宗家《とくそうけ》」の執事《しつじ》）や、室町《むろまち》時代初期（南北朝期）における将軍・足利《あしかが》氏と執事などの関係がそうだ。どちらも幕府という公的機関の中の役職ではなく主君の家臣であり、主君を支える家政を取り仕切ることで実質的に国家全体をも動かす強大な力を手にするに至ったのである。

総務会長は党の最高意思決定機関の総務会のトップである。総務会は党運営や国会での活動に関しての重要事項について審議する。特に、総務会長を除く党三役（四役）など党内の重要ポストの人事はこの総務会での承認を受けたうえで総裁が決めることになっており、一方で総務会長は総務会内部で選ばれる。人事を握っている強さはいうまでもなく、総務会および総務会長の重要さがわかってもらえるのではないか。

政調会長も名前の通り、政務調査会のトップだ。ここでは重要政策について調査し、研究し、立案を行なう。選挙に際して公約を作るのもここの仕事だ。政党本来の役目は三権のうち立法を司《つかさど》る国会に関与することであり、当然、政務調査会の役割は大きい。

加えて、平成十九年（二〇〇七）には選挙対策総局長が選挙対策委員長（選対委員長）と改称となって格上げされ、党四役と呼ぶようになった。選挙での勝利は当然、政党について重要命題である。なお、参議院議員会長、参議院幹事長がこれらの要職に匹敵するものとして扱われることもあるようだ。

派閥の力学

では、自民党の中の意思決定はこれらの要職についた人々や、総裁＝総理大臣によってのみ行なわれていたのか。そうとも言えない。ここにもう一つ、別の権力が加わることによって自民党の、ひいては戦後日本の政治は動かされてきた。それが「派閥」だ。

すでに見てきた通り、自由民主党は自由党と日本民主党が保守合同をすることによってでき上がった政党だ。そもそも成立時点から寄り合い所帯《じょたい》だったのである。また、目的は当時台頭してきた日本社会党に政権を譲らないことであった。つまり、意見が少なからず違うものの、国政の舵を握るために集まった人々が自民党であるわけだ。いくつかの派閥に分かれて対立や和解を繰り返すのは当然であったろう。

派閥は本来、「八個師団」と呼ばれて八つあったが、やがておもな派閥は五つ、五大派閥にまとまったとされる。もちろん、時代によって増減があり、必ずしも一定ではない。

なお、このような派閥が生まれた背景には、結党時に設けられた総裁公選制や、当時の選挙制度が中選挙区制（一つの選挙区で複数人が当選する）にあるとされる。

つまり、派閥のトップになるような有力政治家は選挙で自分が総裁になるために議員や党員を多く味方にする必要があった一方、各議員は中選挙区で他党だけでなく同じ自民党のライバルとも競う必要があったので。党内の有力政治家の庇護《ひご》を求めた。いわば鎌倉時代の御恩と奉公のようなつながりの中で、親分・子分の関係性が生まれ、派閥政治が花開いたわけだ。

公的な肩書の軽重は必ずしも実際の権力と比例しない。というのも、『ナンバー2の日本史』で見てきたのと変わらない。たとえば、摂関政治の時代において、藤原氏の有力者が天皇の補佐役である摂政《せっしょう》や関白《かんぱく》になった（摂政や関白という役職に力があった）というよりも、もともとの実力、あるいは天皇との結びつきで得た力（外戚《がいせき》など）があって、役職は後からついてきたのと似た構造である。派閥に所属する議員・党員の支えがあってこその権力であったわけだ。

派閥の領袖《りょうしゅう》（トップ）が総理大臣＝総裁になることもあれば、大臣や党三役の要職を務めることも多い。その一方で、そういった党の公的な役職につかないにもかかわらず、派閥の力をバックに総理大臣の人選にまで口を出す政治家もいた。そのような政治家は「黒幕」「キングメーカー」「闇将軍」などと呼ばれた。総理大臣を戦後日本政治のナンバーワンと見なすなら、彼らこそがナンバー2であろう。

そこでここからは総理大臣をメーンとする日本史から少し離れて、政界の黒幕と呼ばれた人たちを紹介していくことにしたい。

昭和の妖怪

「昭和の妖怪《ようかい》」の通称で知られる岸信介《きしのぶすけ》は、山口県の酒造家佐藤家に生まれ、父の生家である岸家を継いで岸信介を名乗った。弟の佐藤栄作と名字が違うのはこのためだ。東京帝国大学法学部を卒業後、農商務省に入って官僚としてのキャリアをスタートし、満州国政府実業部（産業部）次長に上り詰めた。この部署は満州国の産業・経済を統括《とうかつ》しており、しかも大臣にあたる部長は実権を持たないお飾りの現地人だったため、傀儡《かいらい》国家とはいえ、当時の岸は一国の経済を司《つかさど》っていたことになる。満州国の産業開発は自分の描いた作品だと、本人が語ったという話もまことしやかに伝わるほどだ。

その後、商工省次官に出世して日本へ帰国。三人の大臣に仕えたものの、三人目の大臣（阪急・東宝グループ創業者の小林一三《こばやしいちぞう》）と衝突して辞任する。しかし、日米開戦直前、東条英機《とうじょうひでき》が総理大臣になると、同じ時期に満州にいた縁（当時の東条は関東軍参謀長）もあってか、商工大臣になる。その後、戦況を受けて商工省が軍需省になると、東条が大臣、岸は任所のない大臣兼軍需次官についた。また、翼賛選挙では推薦候補として衆議院議員になった。

　このような戦前・戦中の活動もあり、岸はA級戦争犯罪人容疑者として逮捕される。しかし、起訴はされず、容疑者のまま三年の間、巣鴨プリズン（東京都豊島区）に勾留《こうりゅう》された。釈放後も公職追放のために政界への進出はかなわなかったが、サンフランシスコ講和条約成立後に公職追放が解除されると、日本再建連盟という政党を経て、自由党へ入る。ただ、実弟の佐藤が「吉田学校」の主要人物であったのに対し、岸は反吉田派へ接近し、鳩山とともに日本民主党を結成すると、幹事長を務めた。保守合同でも大きな役目を果たし、自民党の初代幹事長に就任している。

　鳩山引退後には自民党総裁選挙に出て石橋湛山《いしばしたんざん》とギリギリの争いを演じ、決選投票で敗れる。その後は石橋内閣の外務大臣を務め、石橋が急病で倒れたため、代わって総理大臣になった。

　総理大臣としての岸は、日米安全保障条約（日米安保）の改定をめぐる騒動（いわゆる六十年安保闘争）で、よく知られている。サンフランシスコ講和会議で結ばれた日米安保にはアメリカ軍による日本防衛の義務が明記されていなかったり、アメリカが日本国内の内乱に介入することができたりなど、条約は一方的で非対等であった。これを対等的なものにしようと努《つと》めたのが、岸であった。

岸は昭和三十五年（一九六〇）のドワイト・D・アイゼンハワー米大統領の訪日に間に合わせるべく、新日米安保（日米安保を改定し、アメリカの日本防衛義務などを明記した）を国会で強行採決したが、活動家だけでなく一般大衆も含めて激しい反発を招き、国会議事堂を取り囲む大規模なデモが起きてしまった。「安保反対」が流行《はや》り言葉になり、当時、五歳だった安倍晋《あべしん》三《ぞう》（岸の孫）までが訳もわからず口にしていたという。最終的に大統領の訪日は延期となったが、安保改定自体は行なわれ、岸もこれを最後の仕事として総理大臣を辞任した。

なお、岸の退陣は病床でのことだった。後任の池田勇人《いけだはやと》の就任祝賀会の席で襲撃され、ナイフで足を数箇所、刺されたのである。襲撃者は殺す気はなかったと証言したが、岸が重傷だったことは間違いない。襲撃での命拾いといい、ここまでの生涯を見ても、岸という男は実に運がよく、本人も「悪運というのは強いほどいい」と語っていたという。

無事生き延びた岸は、昭和五十四年まで衆議院議員を務め、自民党では最高顧問の職にあった。彼の派閥（岸派）は福田赳夫《ふくだたけお》に引き継がれ、この福田は後述する田中角栄と、佐藤栄作の後釜《あとがま》をめぐる激烈な政治闘争（角福戦争）を演じることになる。岸は福田の後見人であり、まさに黒幕として小さくない発言力を持っていたことだろう。また、実弟の佐藤が四選目にまで総裁任期を伸ばそうとしたが、そこまで任期が延びると福田らのライバルの田中が力を増しすぎると考え、岸が佐藤を止めたなどのエピソードも残っている。

秀吉になぞらえられた庶民総理

「今太閤《いまたいこう》」「庶民宰相」と呼ばれた田中角栄は、太閤こと天下を取った豊臣秀吉が足軽の生まれとされるように、新潟の豊かとは言えない農村地帯の出である。上京して建設会社で働きながら専門学校を卒業後、建築会社を設立する。昭和二十二年（一九四七）に衆議院議員に初当選を果たした時の所属は民主党で、その後、民主自由党に移るも炭鉱国有化をめぐる疑獄事件で逮捕。しかし、東京拘置所内から選挙に出て当選し、裁判でも最終的に無罪を勝ち取る。

保守合同で誕生した自民党において、佐藤派の要人として頭角を現わしていき、岸内閣で郵政大臣を務めたことに始まり、次の池田内閣で政務調査会長、続いて大蔵大臣。佐藤内閣では大蔵大臣、幹事長、通産大臣など要職を歴任する。

その佐藤の後継者をめぐり、福田赳夫と争った一件は「角福戦争」と呼ばれ、戦争と名が付くほどの激しい政争であったが、田中が勝利。昭和四十七年（一九七二）、佐藤退陣後に自民党総裁、そして総理大臣についた。

田中内閣での最大の功績は、就任同年の九月の日中国交回復がよく知られている（正式に日中平和友好条約が締結されたのは六年後、福田赳夫内閣の時）。自身の主張である「日本列島改造論」（工業地帯を地方に分散し、それらを高速道路・新幹線で結ぶ国土開発構想）を実行し、その結果として「狂乱物価」と呼ばれるインフレを巻き起こした。

田中は「コンピューター付きブルドーザー」と呼ばれる決断力と実行力の持ち主だった。非常に気前よく太っ腹な人物としても知られており、金を配って人を助けたり、好かれたりするエピソードは枚挙にいとまがない。「対立する派閥の議員が入院するとたびたび見舞っては大金を渡した」「料亭では芸者だけでなく仲居にもお金を渡した」などなど。金にまつわる逸話も多く、「金は必ず手渡しをする」「相手が相場と感じるのと同じか低い金額では死に金どころかマイナスだ」「渡した金の半分はどこかへ行くだろうが、残った金が生きた金になる」などが伝わる。

このようなエピソードだけを見ると金権政治家に見えるが、田中は単に金をばらまいて人の心をつかんだわけではない。官僚には「自分は素人《しろうと》だから任せる、やりたいようにやってくれ。責任はこちらで取る」という態度で常に接したという。保身が目立つ日本の政・官の世界において、田中のやり方に多くの政治家や官僚がシビれたのは想像に難くない。

しかし、昭和四十九年に「田中金脈」と呼ばれる資金調達が暴《あば》かれると、批判が集まって、総理大臣の辞任を余儀なくされた。さらに二年後にはロッキード事件（アメリカのロッキード・エアクラフト社が新型航空機売り込みのために政界に賄賂を送った事件）が発覚し、田中も逮捕され、自民党を離れることになった。

むろん、これで田中が政界から姿を消したわけではない。彼は自民党最大派閥の田中派のトップであり続け、ロッキード事件の裁判を続けながら権力を振るったのである。田中内閣後に続いた大平正芳《おおひらまさよし》、鈴木善幸《すずきぜんこう》、中曽根康弘《なかそねやすひろ》の各政権が樹立した裏では田中が動いていたという。大平の自民党総裁選の頃、「自民党の七割には（自分の）息がかかっている」と嘯《うそぶ》いた。そのような話も伝わる。

この頃の田中に付いた通称が「目白の闇将軍」だ。あるいはマスコミが各内閣を「角影内閣」「直角内閣」「田中曽根内閣」と呼んだりもし、世間一般が「ナンバーワンとして総理大臣はいるが、実際に力を持っているのは田中角栄だ」と認識していたことがよくわかる。

ところが、昭和六十年、田中派の竹下登《たけしたのぼる》が派閥内派閥「創政会」をつくるクーデターを起こしたのである。その二十日後、田中は脳梗塞《のうこうそく》で倒れた。クーデター以来、酒量が非常に増えていたという。平成二年（一九九〇）に政界を引退し、三年後に亡くなる。この時、ロッキード事件の裁判は終わっていなかった。

田中を裏切った調整役

調整がうまく「根回し・気配りの竹下」と呼ばれた竹下登は、島根県の造り酒屋の長男に生まれた。早稲田大学商学部を卒業した後、地元に戻って中学校教員から島根県議会議員になり、昭和三十三年（一九五八）年の総選挙で自民党から出馬し衆議院議員になった。佐藤派に所属し、佐藤内閣では官房副長官から官房長官になっている。

その後も田中内閣で官房長官、三木武夫《みきたけお》内閣で建設大臣、大平内閣で大蔵大臣、中曽根内閣でも大蔵大臣を務めた。この時期の竹下は田中派の要人として活躍したが、最終的にクーデターを起こしたのは、前述の通りである。背景には、田中の振る舞いを見て失望し、「このままでは自分が浮かび上がる見込みはないのでは」と考えたからだという。

田中による切り崩《くず》しで当初予定していた参加者が半減しながらもクーデターは成功し、竹下は昭和六十二年には創政会を基盤にした「経世会《けいせいかい》」を正式に立ち上げ、自民党内における最大派閥のトップに成りおおせた。

中曽根の後継総理については、竹下に加えて安倍晋太郎《あべしんたろう》（安倍晋三の父）、宮沢喜一《みやざわきいち》のいわゆる「安竹宮」三人が候補として上がり、中曽根の指名によって竹下に決まる。なお、この時、竹下が家族に「アイムソーリー、ボクソーリー」と口にした、という微笑《ほほえ》ましいエピソードがある。

竹下内閣ではふるさと創生事業（全市町村に一億円を配布）などを行なったが、三パーセントの消費税導入もあり、世間の評価は上がらなかった。昭和六十三年にリクルート事件（リクルート社が政界、経済界、マスコミに子会社の未公開株をばらまいた汚職事件）が発生する。この時、竹下本人をはじめとして内閣、自民党幹部、与野党の政治家、高級官僚が株を譲渡され、資金供与を受けていたことが発覚。翌年、竹下は総理辞任へ追い込まれた。

とはいえ、竹下派の勢力は健在であり、以後も竹下はキングメーカーとして宇野宗佑《うのそうすけ》、海部《かいふ》俊樹《としき》、宮沢喜一の各内閣誕生に発言力を持った（後述するが、海部内閣については経世会会長の金丸信《かなまるしん》が主導的立場で、竹下はどちらかというと追随《ついずい》的だったようだ）。平成四年（一九九二）、竹下派が小渕《おぶち》派と羽田《はた》派に分裂すると、以前のような力を振るうことはできなくなる。

ドンと呼ばれた男

金丸信はこの章で大きく扱っている中では、ただ一人総理大臣にならず、また派閥のボスでもなかった政治家である。しかし、その権勢は「政界のドン」と呼ばれたほどのものだった。

金丸は山梨県の地主・造り酒屋の息子として生まれた。東京農業大学に入学し、柔道に励む日々を送ったのち、徴兵されて満州にいたが、病気で本土へ戻る。以後は父から酒造りの仕事を受け継ぎ、戦中には廃業せざるを得なかった時期もありつつ、実業家として活躍した。

昭和三十三年（一九五八）、佐藤派から出馬して衆議院議員に初当選。新人議員時代に竹下登と親しくなり、のちに子供同士を結婚させて縁戚関係を結んでいる。また、田中角栄とも関係性は深く、議員になった当初から田中を総理にしようと考えていたという。

金丸は佐藤政権末期の昭和四十七年に国会対策委員長を務めた。また、同年に起きた「角福戦争」では佐藤の意向に反して田中の味方をして、総裁選挙では候補の一人である三木武夫を説得して決選投票での協力を取り付け、田中を自民党総裁・総理大臣へ押し上げた。この時、建設大臣のポストを約束されたものの、他議員との兼ね合いから実現しなかった。金丸が建設大臣になったのは第二次田中内閣だった。

その後、三木内閣で国土庁長官、福田内閣で防衛庁長官を務める一方、三木内閣の後釜について「福田が二年、その後は大平」という密約の成立に尽力した（実際には密約は守られず、福田は続投しようとして総裁選挙で大平に敗れた）。金丸は大平内閣で二度目になる国対委員長に就任した。ここまでの経緯で、金丸は国会運営・建設・道路・郵政などの各分野で大きな影響力を持ち、また自民党内部でも田中派の重鎮として絶大な力を得るに至ったのである。

続く中曽根内閣において、金丸は中曽根を「日本一嫌い」と公言していたが、自民党総務会長、幹事長、副総理を歴任するなど重用された。その後は前述した田中派内のクーデター「竹下派の立ち上げ」で重要な役割を果たし、竹下を中曽根の次の首相に押し上げている。竹下内閣では役職につかず、竹下派（経世会）の会長という立場に甘んじ、その状況を自ら「雇《やと》われマダム」と称した。

竹下の次代、宇野内閣については知らされなかったというが、宇野内閣がスキャンダルで倒閣した後継の海部内閣は金丸が推薦して立ち上がったものであり、若いながら小沢一郎《おざわいちろう》を幹事長に抜擢《ばってき》したのも金丸だった。海部内閣では金丸・小沢の発言力は非常に大きく、金丸が「政界のドン」と呼ばれ始めたのは、この頃である。海部の後継を決めるにあたって、まず小沢に出馬を促《うなが》したものの辞退されたため、宮沢を推して総理大臣とした。金丸は宮沢内閣で副総理を務めている。また、平成二年（一九九〇）から翌年にかけ、中華人民共和国、北朝鮮、韓国、アメリカを歴訪。外交でも存在感を見せた。

絶頂を極《きわ》めた金丸の権力が失墜《しっつい》するのは、平成四年のこと。東京佐川急便から五億円を受け取ったことが発覚してからだ。疑惑については、すぐに記者会見を開いて謝罪し、裁判でも罰金二十万円ですんだ。しかし、世論は厳しく、結局、金丸は議員辞職へ追い込まれた。さらに翌年、脱税容疑で逮捕され、金丸の東京の自宅から三十億円の割引債（額面より割り引いた価格で発行される債券）や金の延べ棒などが押収されるシーンは、当時のニュース映像で盛んに流された。金丸は起訴事実を否定して裁判を戦ったが、やがて身体的な衰えを隠せなくなり、平成八年に亡くなった。

また、彼の失脚は竹下派の分裂を招き、後述する政界再編へつながっていく。皮肉なことに、政界再編は晩年の金丸が主張していたものであったという。

五五年体制はいかに崩壊したか

最後に、五五年体制の崩壊と現在に至る政治体制の変遷を駆け足ながら紹介して本書の締めくくりとしたい。

繰り返すが、自民党は昭和三十年（一九五五）の結党以来、国会で第一党の地位を安定して占め、政権を独占してきた。社会党は野党第一党としてこれに次ぐ存在ではあったものの、自民党の半分の勢力でしかなかった。また、民社党（社会党から分かれて誕生）や公明党が現われ、共産党が勢力を伸ばすなど、実際には「二大政党」というよりは「一強四弱」であったようだ。政権の主導争いが、むしろ自民党内部で行なわれてきたことは、すでに見てきた通りである。

一方で昭和も末期になると、宇野総理の女性問題による短期退陣や前節で述べた金丸副総理の逮捕など、スキャンダルや汚職が目立つようになり、国民の支持を失っていく。宮沢内閣時代の平成五年（一九九三）六月、野党の内閣不信任決議案に自民党からも羽田孜《はたつとむ》・小沢一郎らが賛成して成立すると、衆議院解散・総選挙となる。この選挙で敗北した自民党はついに過半数を失ってしまった。

それでも、自民党が第一党であることに変わりはない。そこで自民党から離脱し、新生党《しんせい》を結成した小沢一郎が音頭《おんど》を取り、自民党と共産党以外の八つの党と会派（社会党・新生党・公明党・日本新党・民社党・新党さきがけ・社民連・民主改革連合）による連立政権をつくり、総理大臣には日本新党代表の細川護熙《ほそかわもりひろ》を推した。こうして五五年体制は終わったのである。

細川は熊本藩藩主の家系に生まれ、祖父にあの近衛文麿を持つなど、非常に恵まれた家系の持ち主であり、内閣発足《ほっそく》時の支持率は八十パーセントという民意にも支えられ、新政権は華々しく始まった。しかし、しょせんは寄り合い所帯で内部対立も激しく、細川内閣は国民福祉税導入をめぐるトラブルと東京佐川急便からの献金疑惑によって倒れた。

細川内閣で副総理兼外務大臣を務めていた羽田が次の総理大臣になったものの、連立政権から社会党が離脱。与党が少数派になったところ、自民党が社会党・新党さきがけと手を組む奇策によって政権を奪取。平成六年六月、自社さ連立政権が樹立する。総理大臣には社会党の村《むら》山富市《やまとみいち》がついた。二年後、村山内閣が倒れると、引き続き自社さ連立政権ながら総理大臣は自民党から出た。橋本龍太郎《はしもとりゅうたろう》内閣の誕生である。

その次代、平成十年に成立した小渕恵三《おぶちけいぞう》内閣は当初、自民党の単独政権として出発したが弱体で、小沢一郎の自由党（新進党から分党。新進党は平成六年に新生党・公明党の一部・民社党・日本新党・自由改革連合で結党）、そして公明党と連立政権を組むことで政権を安定化した（のちに自由党は離脱し、分裂した保守党が与党として残った）。小渕が脳梗塞《のうこうそく》で倒れたあとは森喜朗《もりよしろう》内閣が立ち、さらにその後、小泉《こいずみ》純一郎《じゅんいちろう》内閣が成立した。小泉内閣は「自民党をぶっ壊《こわ》す」「私の政策を批判する者はすべて抵抗勢力」「構造改革なくして景気回復なし」などのわかりやすいメッセージ・スローガンによって国民の絶大な支持を集め、長期政権を展開した。

小泉の後は安倍晋三、福田康夫《やすお》、麻生太郎《あそうたろう》と続いたが、どの内閣も約一年の短期政権に終わる。そして、平成二十一年八月、鳩山一郎の孫にあたる鳩山由紀夫を代表に民主党が衆議院総選挙で大勝し、再び自民党を政権の座から引きずり下ろした。民主党は新党さきがけ、社会民主党（社会党が改称）、新進党の離党者などで結成された政党であり、小沢一郎の自由党も参加して一大勢力になっていた。

ところが、民主党政権は安定せず、鳩山内閣、菅直人《かんなおと》内閣が立て続けに約一年で失脚。野田《のだ》佳彦《よしひこ》内閣も一年あまりで衆議院を解散。総選挙で敗北し、約三年の民主党政権の幕が降りた。この民主党は変遷・合流、合併・離脱を繰り返し、民進党、立憲民主党を経て、令和五年には立憲民主党と国民民主党に分裂して、現在、野党として存在している。

民主党に取って代わったのは、当然、自民党である。自民党総裁の安倍晋三が議員定数削減法案成立の協力を条件に野田内閣に衆議院解散を迫り、戦後二度目（最初は吉田茂）の総理大臣再任を果たすと、平成二十四年から令和二年（二〇二〇）までの長期政権を築いた。安倍の母方の祖父は岸信介であり、彼を目標として掲げていたとされる。

新型コロナ感染症（COVID19）騒動の最中、安倍が退陣すると、長年、官房長官として安倍首相の女房役を務めた菅義偉《すがよしひで》が首相の座に座る。およそ一年で、自民党総裁選不出馬を決断した菅に変わり、岸田文雄《きしだふみお》が令和三年に総理大臣となった。

以上が、本書執筆中に至る現代日本政治史の変遷である。現在の政界は自民党と公明党を与党とし、立憲民主党、日本維新の会、国民民主党、日本共産党、れいわ新選組、政治家女子48党、社民党、参政党といった野党が存在している（本書執筆時の政党名であり、国政で議席を保有する政党に限る）。

五五年体制時代から見れば、派閥の弱体化という点は大いに着目するべきだろう。細川内閣時代に小選挙区制が導入されたことにより、「中選挙区の中で勝ち抜くには党の支援をもらう必要があり、そのためには派閥の力学が重要」というロジックが消滅したのである。カリスマ的人気を誇った小泉が派閥の推薦を受けずに総理になったことも、派閥政治衰退の印象を強くした。

とはいえ、国民的な人気はともかく、自民党の中で主導権を得るためには引き続き派閥がもたらす数の力は有効であり、実際に現在の総理大臣である岸田は岸田派（池田勇人にルーツを持つ宏池会《こうちかい》）のトップである。よって、自民党総裁＝総理大臣を動かすナンバー2的存在は、今後もこのような派閥の力学を操る人間ということになるのだろう。

コラム

政府のナンバー2

第五章ではおもに自民党内の権力・政治機構について注目して紹介した。それは与党＝自民党が総理大臣や国務大臣の多くを輩出し、また国会を動かすことによって国政に大きな影響力を与えているからだが、もちろん自民党だけが日本の政治を動かしているわけではない。政府にも総理大臣を支えるナンバー2的存在がいる。

戦後のナンバー2的存在を見てきた本章の締めくくりは、政府側のナンバー2を紹介することにしたい。

副総理

わかりやすい「日本国政府のナンバー2」に副総理というポジションがある。これは法令によって定められた正式な役職ではないが、広く使われている呼び名だ。その与えられた役目は、ズバリ総理大臣のバックアップである。

内閣法九条には「内閣総理大臣に事故のあるとき、又は内閣総理大臣が欠けたときは、その予《あらかじ》め指定する国務大臣が、臨時に、内閣総理大臣の職務を行う」とある。この役目を担う国務大臣が総理大臣（首相）臨時代理だ。

そして、この総理大臣（首相）臨時代理を組閣時から指名した場合に使われる俗称が「副総理」とされる。いざという時は総理大臣に取って代わるわけだから、十分な実力・名声の政治家でなければ務まらない。そのため、党内や内閣における実力者であることがほとんどだ。

そこから転じて、「重要人物が現在の総理を支持している」ことを示すために用いられるケースも考えられる。たとえば、自民党以外でのケースだが、平成二十三年（二〇一一）の東日本大震災の直後、総理大臣の菅直人は自民党総裁の谷垣禎一《たにがきさだかず》に副総理兼任の震災復興担当大臣での入閣を要請している。拒否されたが、緊急時の挙国一致体制をアピールしたかったのだろう。

内閣官房長官

副総理が日本政府における「格」としてのナンバー2であるとするなら、立場・役目としてのナンバー2、いわゆる「女房役」は内閣官房長官（以下、官房長官）であろう。

これは昭和二十二年（一九四七）に設置された内閣官房（内閣の活動を助ける下部組織）のトップであり、その二年後に改正された内閣法によれば、役割は「内閣官房の事務を統轄《とうかつ》し、所部の職員の服務につき、これを統督する」とされる。

なお、戦前から内閣官房およびそのトップは存在したが、そこでは内閣書記官長と呼ばれ、おもに役人のポストであった（時期によっては政党人がつくケースもあった）。かたや、現在の官房長官はれっきとした政治家のポストである。

官房長官の役割は単に内閣官房のトップにとどまらない。その職務は総理大臣の補佐役であり、閣議では進行役を務め、与党・国会との重要問題の交渉にも深くかかわる。マスコミ対応の「顔」として連日二回記者会見を行ない、政府の方針や見解を伝えるのも重要な役割だ。面白いところでは、いわゆる「政府首脳」発言として誰が語ったかわからないオフレコ発言（オフ・レコード、記録しないことを前提とした発言）がマスコミに流れる場合、多くの場合は官房長官の発言であるともいう。

もともとは非認証官（天皇による認証を与えられない役職）とされて、認証官である国務大臣よりも格下の役職とみなされていたが、池田勇人内閣時代の昭和三十八年に認証官とされ、国務大臣と同格になった。総理大臣の補佐役として大臣たちに指示する必要性からであり、この点でも官房長官こそ実質的な内閣のナンバー2とみなせる。

では、具体的にはどんな人物がこの地位につくのか。

総理大臣としては自分の考えを正しく伝えられることが望ましいため、信頼の厚い側近を配するのが一つ。適切な助言がもらえるよう、参謀的な能力の人材を配するのが一つ。最後は、将来の総理大臣を見据えて経験を積ませるべく、有望な中堅・若手を配するのが一つだ（実際、官房長官は総理になるための登竜門的ポストとみなされ、近年でも森・小泉内閣の福田康夫や第二次以降の安倍内閣の菅義偉が総理大臣になっている)。

このような事情から、派閥の力学を重視して有力者に分配されるポストというよりは、総理大臣が自分に近しく信頼できる人材をつけるポストと言っていいだろう。

自民党における通例としては、総理大臣自身の派閥から任命されてきたが、中曽根康弘内閣で官房長官を務めたのは(一時期交代していたこともあるが)、「カミソリ後藤田《ごとうだ》」こと後藤田正晴《まさはる》で、出身派閥は田中派である。後藤田は田中派からのお目付役的な存在でもあったが、一方で中曽根は田中派の情報をまんまと手に入れることができた。後藤田は官僚出身でもあり、その方面の情報も入手可能だった。それらの情報を「カミソリ」と呼ばれるような分析術で活《い》かし、活躍したわけだ。官房長官といえば、まず名前のあがる代表的な人物と言っていいだろう。

後藤田以後は通例に反するケースもしばしば見られて、岸田内閣の官房長官・松野博一《まつのひろかず》も安倍派(清和政策研究会)である。

おわりに

以上、「日本史における近代から現代までのナンバー2」を追いかけてみた。

ふだん私がおもに扱っている戦国（中世）～江戸（近世）と比べると非常に複雑な時代であり、歴史の進展や社会が変化するテンポも早い。そのため、ページ数以上にギュッと内容が詰まった本になったと思う。慣れないながら、必死に時代を嚙《か》み砕き、政治のナンバー2的存在を縦軸として日本史がわかるように整理してみたつもりだが、いかがだっただろうか。皆さんの好奇心を満足させる一冊になったか、今はただ祈るばかりである。

本書執筆のために改めて近代・現代に向き合ってみて、気づくこともあった。私は前著で紹介した古代から近世に至るナンバー2たちと、本書の対象である近代から現代のナンバー2たちは少なからず性質が違うものと考えていた。つまり、近世以前のナンバー2たちは政治制度が整っていないため、たとえば執権だったり老中だったりといった立場だけでは十分に力を振るうことができず、軍事力や将軍の寵愛《ちょうあい》のような別の権力基盤を必要とした。一方で近代以降のナンバー2たちは立場によって力を得ていただろう、と考えていたのである。

ところが、よくよく実相を追いかけてみると、近代以降のナンバー2たちも派閥（藩閥）やナンバーワン（天皇）との関係性に相当翻弄《ほんろう》されていることに気づくことができた。そもそも現代日本の自民党でさえ派閥が大きな問題になっているのだから、考えてみれば当然のことかもしれない。

その意味で、前著のナンバー2たちと本書のナンバー2は、時代が大きく違うため、まったく別の性質を持っている部分もあるが（さすがにナンバーワンの寵愛・信頼だけではその地位につけない）、似ている部分もある。そのような目でぜひ本書を読んでいただきたい。

最後に。本書執筆にあたっては編集担当者の松森氏、そして榎本事務所メンバーの助けが大いに力になった。この場を借りて感謝したい。

令和五年春

榎本　秋

主要参考文献

児玉幸多・林屋辰三郎・永原慶二編／中村哲著『集英社版 日本の歴史 16 明治維新』（集英社）
児玉幸多・林屋辰三郎・永原慶二編／佐々木克著『集英社版 日本の歴史 17 日本近代の出発』（集英社）
児玉幸多・林屋辰三郎・永原慶二編／海野福寿著『集英社版 日本の歴史 18 日清・日露戦争』（集英社）
児玉幸多・林屋辰三郎・永原慶二編／林屋辰三郎著『集英社版 日本の歴史 19 帝国主義と民本主義』（集英社）
児玉幸多・林屋辰三郎・永原慶二編／森武麿著『集英社版 日本の歴史 20 アジア・太平洋戦争』（集英社）
児玉幸多・林屋辰三郎・永原慶二編／松尾尊兊著『集英社版 日本の歴史 21 国際国家への出発』（集英社）
池上彰『そうだったのか！ 日本現代史』（集英社）
鈴木淳『日本の歴史20 維新の構想と展開』（講談社）
佐々木隆『日本の歴史21 明治人の力量』（講談社）
伊藤之雄『日本の歴史22 政党政治と天皇』（講談社）
有馬学『日本の歴史23 帝国の昭和』（講談社）
河野康子『日本の歴史24 戦後と高度成長の終焉』（講談社）
新川敏光『ミネルヴァ日本評伝選 田中角栄 同心円でいこう』（ミネルヴァ書房）
奥田晴樹『日本近代の歴史1 維新と開化』（吉川弘文館）
大日方純夫『日本近代の歴史2 「主権国家」成立の内と外』（吉川弘文館）
飯塚一幸『日本近代の歴史3 日清・日露戦争と帝国日本』（吉川弘文館）
櫻井良樹『日本近代の歴史4 国際化時代「大正日本」』（吉川弘文館）

河島真『日本近代の歴史5　戦争とファシズムの時代へ』（吉川弘文館）
源川真希『日本近代の歴史6　総力戦のなかの日本政治』（吉川弘文館）
古川隆久『人物叢書　近衛文麿』（吉川弘文館）
工藤美代子『山本五十六の生涯』（幻冬舎文庫）
北康利『吉田茂　ポピュリズムに背を向けて』（講談社文庫）
北康利『白洲次郎　占領を背負った男（上下）』（講談社文庫）
星浩『官房長官　側近の政治学』（朝日選書）
原彬久『岸信介　権勢の政治家』（岩波新書）
大石学『新選組「最後の武士」の実像』（中公新書）
内藤一成『三条実美　維新政権の「有徳の為政者」』（中公新書）
早野透『田中角栄　戦後日本の悲しき自画像』（中公新書）
内閣総理大臣研究会『歴代内閣総理大臣のお仕事　政権掌握と失墜の97代　１５０年のダイナミズム』（鹿砦社新書）
高橋秀直「征韓論政変の政治過程」（『史林』第76巻第5号収録、史学研究会〈京都大学文学部内〉）
安藤俊裕「政客列伝「政界のドン」金丸信」（日本経済新聞電子版　連載）
朝尾直弘・宇野俊一・田中琢編『角川新版日本史事典』（角川学芸出版）
黒田日出男監修『図説　日本史通覧』（帝国書院）
佐藤信・五味文彦・高埜利彦・鳥海靖編『改訂版　詳説日本史研究』（山川出版社）
『日本国語大辞典』（小学館）

『日本大百科全書（ニッポニカ）』（小学館）
『改訂新版　世界大百科事典』（平凡社）
『国史大辞典』（吉川弘文館）

首相官邸ホームページ　https://www.kantei.go.jp/
国立国会図書館ホームページ「近代日本人の肖像」https://www.ndl.go.jp/portrait/
その他、各種ホームページ、パンフレット等を参照にしました。厚く御礼を申し上げます。

MdN新書
050

ナンバー2の日本史《にほんし》 近現代篇《きんげんだいへん》

2023年6月11日　初版第1刷発行

著　者　**榎本《えのもと》　秋《あき》**
発行人　山口康夫
発　行　株式会社エムディエヌコーポレーション
〒101-0051　東京都千代田区神田神保町一丁目105番地
https://books.MdN.co.jp/
発　売　株式会社インプレス
〒101-0051　東京都千代田区神田神保町一丁目105番地
装丁者　前橋隆道
帯画像　国立国会図書館
DTP　アルファヴィル
印刷・製本　中央精版印刷株式会社

カスタマーセンター
万一、落丁・乱丁などがございましたら、送料小社負担にてお取り替えいたします。
お手数ですが、カスタマーセンターまでご返送ください。

落丁・乱丁本などのご返送先
〒101-0051　東京都千代田区神田神保町一丁目105番地
株式会社エムディエヌコーポレーション　カスタマーセンター　TEL：03-4334-2915

書店・販売店のご注文受付
株式会社インプレス　受注センター　TEL：048-449-8040／FAX：048-449-8041

内容に関するお問い合わせ先
株式会社エムディエヌコーポレーション　カスタマーセンターメール窓口 info@MdN.co.jp
本書の内容に関するご質問は、Eメールのみの受付となります。メールの件名は
「ナンバー2の日本史 近現代篇 質問係」としてください。電話やFAX、郵便でのご質問にはお答えできません。

Editor 松森敦史

ISBN978-4-295-20529-6　C0221

MdN新書
日本史

幕末の志士　渋沢栄一
志士として生きた「日本実業界の父」の若き日々
安藤優一郎

ニッポン名城紀行
日本を代表する31城の「井沢式」攻略法
井沢元彦

地形と歴史から探る福岡
博多っ子も知らない福岡2万年の歴史とは？
石村　智

劉備玄徳の素顔
新解釈『三国志』でいちばん地味な英雄の正体
島崎　晋

歪められた江戸時代
時代劇は嘘八百、江戸の歴史は大正時代に脚色された！
古川愛哲

MdN新書
日本史

ナンバー2の日本史
摂政、関白、管領、老中……主役を操る陰の実力者たち
榎本 秋

江戸の給与明細
貧乏侍の年収四十万円！ 武士と庶民の給与大百科
安藤優一郎 監修

大御所の後継者問題
次代選びが御家の運命を決める
加来耕三

空海のことば
今を、明日を大事に生きる——弘法大師の金言
保坂 隆

「最弱」徳川家臣団の天下取り
弱かったら「どうする?」乱世を生き抜いた徳川家臣団の絆
矢部健太郎 監修
小野雅彦 著